기독교인을 위한 인성교육

영성, 윤리, 성경, 상담

기독교인을 위한 인성교육

영성, 윤리, 성경, 상담

초판1쇄 인쇄 2020년 12월 10일
초판1쇄 발행 2020년 12월 15일

지은이 계명대학교 계명인성교육원 편
펴낸이 신일희
펴낸곳 계명대학교 출판부
출판등록: 제347-1998-1호(1970. 9. 1)
주소: 대구광역시 달서구 달구벌대로 1095
대표전화: 053-580-6233 팩스: 053-580-6235
홈페이지: www.kmupress.com

ISBN 979-11-6516-054-8 93230 값 14,000원

이 도서의 국립중앙도서관 출판예정도서목록(CIP)은 서지정보유통지원시스템 홈페이지(http://seoji.nl.go.kr)와 국가자료종합목록 구축시스템(http://kolis-net.nl.go.kr)에서 이용하실 수 있습니다. (CIP제어번호 : CIP2020051362)

기독교인을 위한 인성교육

영성, 윤리, 성경, 상담

계명대학교 계명인성교육원 편

계명대학교 출판부

머리글

기독교 인성교육은 기독교 신앙과 기독교적 가르침을 토대로 한 인성교육이다. 기독교적 가르침과 교회에서의 종교 활동은 인성교육적 측면을 지니고 있지만, 교회에서는 기독교 인성교육이라는 명칭을 적극적으로 사용하고 있지 않다. 기독교를 건학 이념으로 설립된 학교도 채플과 기독교 과목을 운영하고 있지만, 기독교 인성교육이 아직 체계적으로 수립되어 프로그램화되어 있지는 않다고 할 수 있을 것이다. 기독교 인성교육은 형성되는 과정 중에 있는 것이다.

이러한 상황에서도 기독교 인성교육을 수립하려는 시도가 이루어져 왔었다. 특히 본서에서 저자들은 일반 인성교육과 기독교 인성교육이 다르다는 사실을 강조한다. 그 이유는 기독교 인성교육이 일반 인성교육과 달리 기독교 인성교육에는 하나님과 관련된 영적인 차원을 가지고 있기 때문이다. 또한 기독교 인성교육은 일반 인성교육과 달리 성경의 시각에서 인간을 바라본다. 신론과 인간론에서 급격한 차이점을 가지기에 일반 인성교육과 기독교 인성교육은 그 기본적인 입장에서 크게 다를 수밖에 없다. 그러나 그렇다고 해서 기독교적 인성 및 인성교육과 일반적인 인성 및 인성교육이 전적으로 다르기만 한 것은 아니다. 여러 가지 점에서 현상적으로 유사하고 겹쳐지는 부분도 분명히 있고, 서로 상통할 수 있는 부분이 있다. 그러나 근본적인 측면에서는 차이점이 있음을 부인할 수 없다.

기독교 인성교육은 인간을 하나님의 형상으로 본다. 그리고 세밀하게 들어가서 보면 인간을 칸트(I. Kant)적 의미에서 능력 심리학(감성, 상상력, 지성, 이성 등의 능력으로 보는 관점)적 관점으로 보는 것도 아니고, 정신분석적 입장에서 인간을 바라보는 것도 아니다. 성경적 인간학을 보면 인간을 영혼, 영, 마음, 육을 가진 존재로 보며, 영적인 차원을 가진 존재로 본다. 하나님의 형상이라는 말도 깊은 주의를 요하는 개념이다. 기독교 인성교육의 목표는 하나님의 형상의 회복이다.

기존의 연구들은 기독교 인성교육의 기본적인 윤곽을 그려 놓는 기여를 했지만 한계점도 가지고 있음을 알 수 있다. 또한 여전히 현실의 분석과 선언적인 요구들이 많다. 그리고 기본적인 윤곽을 그려놓았지만 이론적인 토대를 구축한 것에 머무르며 구체적인 교육 모델 혹은 프로그램을 제시하지 못했다는 아쉬움도 있다. 어떻게 보면 모든 기독교 교육은 다 기독교 인성교육의 측면을 가지고 있지만, 실상 기독교 인성교육이라고 제시할 수 있는 모델은 발견하기 어려운 것이다. 이러한 상황에서 본서는 기독교 인성교육의 모델을 모색하고 제시하고자 한다. 마지막으로 이 책은 현재 대학 교육 현장에서 기독교 인성 교육을 담당하고 있는 저자들의 고민과 마음과 기도를 담은 책이다. 이 책의 출판을 위해서 집필을 맡아 주신 집필진과 계명인성교육원의 노력과 헌신에 감사드린다. 또한 출판의 과정까지 많은 수고를 해 주신 계명대학교 출판부 선생님들께도 감사드린다.

차례

기독교인을 위한 인성교육

영성, 윤리, 성경, 상담

1. 서론

교육부는 2013년 인성교육 계획안을 발표하였다. 이후 2014년 12월에는 인성교육진흥법안을 통과시켰다. 그리고 결정적으로 2016년 12월 인성교육진흥법이 시행되었다. 총 22조에 달하는 항목과 2개의 부칙으로 이루어진 이 법을 통해 인성교육은 단지 교육적 요구에 그치지 않고 법적인 효력을 가지게 되었다. 인성교육진흥법이 2016년에 시행령이 내려졌지만, 그 이전에 교육계에서는 오랫동안 인성교육에 대한 요구가 지속적으로 제기되었었다. 입시 중심의 경쟁적인 중고등교육으로 말미암아 청소년들의 학교폭력, 가출, 자살 등의 문제가 심각한 수위에 도달했었다. 초등학생 심지어 초등학교 취학 이전의 어린이에게까지 이루어지는 선행학습은 아동 청소년들의 삶의 만족도를 급격하게 낮추어 왔었다. 인성교육에 대한 요구는 대학에서도 제기되었다. 수월성과 창의성을 강조한 대학 교육을 통해 사회에 나온 인재들이 능력은 뛰어나지만 인성적 측면의 부족으로 여러 사회 문제들이 나타나자 대학에서의 인성교육에 대한 관심도 높아졌다. 그 결과 여러 대학에서 인성교육 기관을 만들고 인성교육 수업을 개설하였는데, 이러한 인성교육에 대한 관심은 인성교육진흥법이 발효되면서 더욱 더 탄력을 받게 되었다.

학교에서 인성교육을 실시하려 할 때 여러 가지 근본적인 문제들에 부딪치게 된다. 이러한 근본문제들 중 가장 근본적이고 핵심적인 문제는 모든 사람이 인정할 수 있는 인성의 정의를 내리기가 어렵다는 것이다. 사실 인성뿐 아니라 차원이 높은 주제들은 보편적인 정의를 제시하기가 어렵다. 생명, 종교, 진리와 같은 주제에 대해서 모든 사람이 만족할 수 있는 정의를 제시하기란 매우 요원한 일이다. 인성을 정의내리기 어려워서 인성의 덕목을 제시하는 경우도 있는데, 실제로 인성의 덕목들 또한 대동소이하지만 완벽하게 일치하지 않는다. 인성이라는 주제가 보편적으로 만족할 만한 정의를 내리기 어렵기 때문에, 여러 학교에서는 건학 이념에 기대어 인성교육을 실시한다. 특별히 종교적 배경을 지니고 설립된 학교들은 그러한 접근이 용이하다. 종교의 가르침은 대체로 인성교육적 특성과 자원을 가지고 있는 경우가 많기 때문에 종교적 가르침을 인성교육으로 전환하는 것은 당연한 수순이라고 할 수 있을 것이다.

기독교 인성교육은 기독교 신앙과 기독교적 가르침을 토대로 한 인성교육이다. 기독교적 가르침과 교회에서의 종교활동은 인성교육적 측면을 지니고 있지만, 교회에서는 기독교 인성교육이라는 명칭을 적극적으로 사용하고 있지 않다. 기독교를 건학 이념으로 설립된 학교도 채플과 기독교 과목을 운영하고 있지만, 기독교 인성교육이 아직 체계적으로 수립되어 프로그램화되어 있지는 않다고 할 수 있을 것이다. 기독교 인성교육은 형성되는 과정 중에 있는 것이다.

이러한 상황에서도 기독교 인성교육을 수립하려는 시도가 이루어져 왔었다. 장화선[1] 은 "개혁주의 기독교교육 관점에서의 인성교육"에서 기독교적 인성 개념을 하나님과 성경에서 찾는다. 기독교에서는 인간의 창조자가 하나님이기 때문에 인간성의 본질을 이해하기 위해서는 신성의 본질을 이해해야 한다. 장화선에 따르면 기독교 하나님의 본질은 생명, 영, 사랑이며 인격적인 존재이다. 하나님의 사랑의 인격은 예수 그리스도의 성육신과 십자가 죽음에서 궁극적으로 계시되었다. 장화선은 또한 인격의 본질을 성경에서 찾는다. 성경에서 인간은 하나님의 형상(imago dei)으로 창조되었다고 본다. 이것이 기독교적 인격의 본질이라는 것이다. 또한 장화선은 이러한 인성이 회복되는 것을 사도 바울의 성령의 9가지 열매에서 찾는다. 이와 같은 인성 이해는 개혁주의적 세계 이해 도식인 창조-타락-구속의 도식에 위치한다. 창조 시 온전했던 하나님의 형상이 타락으로 왜곡되었다면 예수 그리스도와 성령의 능력으로 구속되어 그 하나님의 형상을 회복한다는 도식인 것이다. 인성교육은 타락한 하나님의 형상을 새롭게 회복하고 예수 그리

1 장화선, "개혁주의 기독교교육 관점에서의 인성교육," **한국기독교신학논총** 40, no. 4(2014): 47-76.

스도를 닮아가며, 성령의 9가지 열매를 갖추는 것에 있다.

정희영, 이정규, 한민좌[2] 는 기독교 유아 인성교육을 위한 덕목으로서 유아 인성덕목 10가지, 기독교 성품훈련 프로그램 12가지, 성경적인 인성덕목 15가지를 통합하여 종 12가지를 최종적으로 제시하였다.

강용원[3] 은 "기독교 인성교육의 성경적 기초"에서 그는 기독교 인성교육의 성경으로 기초로 세 구절을 언급한다. 그것은 마태복음5:3-11(팔복), 갈라디아서5:22-23(성령의 9가지 열매), 그리고 베드로후서 1:5-7(신의 성품)이다. 강용원은 기독교 인성교육이 지향해야 하는 모습을 7가지로 정리한다. 첫째, 기독교인성교육은 철저하게 삼위일체 하나님께 의존하는 교육이 되어야 한다. 둘째, 기독교 덕목의 세분화뿐만 아니라 더 중요한 것은 통합성을 추구해야 한다. 셋째, 역행적이며 모순적인 인성교육의 측면을 고려하여 세상을 이기는 모습을 추구해야 한다. 기독교 인성교육이 새롭게 추구해야 할 주제는 애통의 교육, 세상에 행사하는 모든 불의에 대항하는 교육이다. 세상의 불의에 대항하는 영적 야성을 가진 시민교육까지도 이루어낼 수 있어야 한다. 넷째, 세상을 거스리며 역행하는 기독교 인성교육에 대한 보다 전략적인 검토가 요청된다. 세상을 거슬러 올라간다는 것은 학생, 교사, 부모, 그리고 공동체가 함께 힘을 모아도 쉽지 않다. 기독교인성교육의 현장에서도 마찬가지이다. 세속적인 가치관으로 무장된 부모들이 세속적인 가치관에 물든 교회와 학교는 다음 세대의 인성, 기독교적 인성을 보장할 수 없다. 교사가 학생을 교육하는 일방적인 관계가 아니라 교사가 먼저 하나님의 형상으로 빚어진 인간에 대한 고민이 있어야 하고 참된 인성을 함양하려는 진지한 노력이 있어야만 올바른 인성교육이 가능하다. 인성교육이 실질적으로 이루어지면, 이는 학생들만 효과가 있는 것이 아니라 가르치는 교사 자신을 먼저 변화시킨다는 말은 오늘 기독교교육지도자들이 되새겨야 할 내용이다. 다섯째, 인성교육이 덕목을 중심으로 이루어지는 것이라면 성령의 열매에서 인식되어지는 하나님 지향, 타인 지향, 자기 지향의 틀로 이루어져야 한

2 정희영, 이정규, 한민좌, "기독교 유아 인성교육을 위한 덕목 추출," **한국기독교논총** 36 (2013): 195-217.

3 강용원, "기독교 인성교육의 성경적 기초," **기독교교육정보** 47 (2015): 361-98.

다. 여섯째, 올바른 인성교육이란 외부에서의 개입이나 강제로 이루어지는 것이 아니라 보다 신뢰에 기초한 내면적 변화의 촉구가 필요하다. 일곱째, 기독교인성교육은 덕목을 지나치게 분류하는 것과 함께 덕목을 개념화하거나 명제적으로 접근하는 것을 피해야 한다. 하나님의 말씀은 삶의 정황 속에서 쓰여진 것이기 때문에 성경이 제시하는 덕목들은 차가운 개념으로 제시되는 것이 아니라 삶을 동반하는 변화를 요구하는 살아있는 생명체와 같은 것이다. 일반 교육의 현장에서도 인성이 윤리과목으로 독립적으로 가르쳐질 수 없다고 보고, 모든 교사는 자신이 가르치는 교과목의 내용을 토대로 인성교육을 시행할 것을 요구하고 있다. 독립된 기독교인성교육이 있는 것이 아니다. 성경을 가르치는 가운데서 자연스럽게 기독교적 덕목들이 함양되도록 해야 하는 것이다. 인지적인 영역에서만이 아니라 정서, 의지, 행동이 망라되는 그런 포괄적인 삶의 정황 속에서 인성교육, 기독교인성교육이 이루어져야 한다.

주연수[4] 는 "기독교적 가치관에 기초한 정서조절과 기독교인성교육"에서 기독교 인성교육은 하나님의 형상의 회복이라는 측면에서 접근 가능하다고 보았다. 그리고 기독교 인성교육의 핵심덕목을 성령의 9가지 열매에서 찾는다. 이러한 기독교 인성교육에 대한 규정과 기독교 인성교육의 덕목에 있어서는 주연수도 다른 연구자들과 별반 차이가 없다. 그러나 주연수는 특별히 한 기독교 인성교육(정서교육, 가치교육, 도덕교육을 포괄하는 전인교육을 의미한다)에서 정서기능과 정서조절의 중요성을 강조하고 연구하였다.

김정희[5] 는 "기독교학교에서 기독교 인성 및 기독교 인성교육에 대한 이해"에서 인성교육이 부각된 시대에 기독교 인성교육이 어떻게 이루어져야 하는가에 대해서 살펴보고자 한다. 김정희는 일반 인성교육과 기독교 인성교육을 구분한다. 특히 인성교육 진흥법에서 제시한 8대 덕목을 분석한 후, 일반 인성교육이 인본주의적 사상의 영향으로 영적인 인성을 제외시켰다고 본다. 김정희는 이러한 일반 인성교육에 대한 대안으로 영적인 인성과 일반적 인성을 함께 가르치는 기독교 인성교육을 주장한다. 김정희는 기독

4 주연수, "기독교적 가치관에 기초한 정서조절과 기독교인성교육," **한국기독교신학논총**44 (2015): 77-115.

5 김정희, "기독교학교에서의 기독교 인성 및 기독교 인성교육에 대한 이해," **한국기독교신학논총** 46 (2016): 265-86

교 인성의 출발점을 창조주 하나님에 대한 바른 이해에서 시작하려 하는데, 그 이유는 인간을 하나님의 형상을 지닌 존재로 보기 때문이다. 그렇다면 기독교 인성이란 구체적으로는 무엇을 말하는가? 김정희는 종교적 인성교육의 일환으로 성령의 9가지 열매를 거론한다. 일반인성교육이 사회, 우리, 나라는 틀에서 덕목을 정하는 것에 비해 기독교 인성교육의 구체적인 사례인 성령의 9가지 열매는 하나님, 우리, 나라는 틀에서 9가지의 덕목이 구성된다. 김정희는 기독교 인성교육의 정체성을 찾으려고 노력하고, 구체적인 사례를 들었지만, 기독교 인성교육의 모델을 제시하는 데까지 나아가지는 못했다.

신승범[6] 은 "기독교 인성교육에서 인성개념 도출과 인성교육 방향을 위한 제언"에서 기독교 인성 및 기독교 인성교육을 정의하려 시도한다. 그는 기독교 인성교육의 목표를 하나님 형상의 회복으로 규정한다. 그리고 기독교 인성교육의 핵심 덕목을 성령의 9가지 열매와 산상설교의 8가지 축복선언에서 찾는다. 신승범은 기독교 인성교육의 방향에 대한 제언을 하는데, 첫째는 전인성을 추구하는 신앙교육을 강화하는 것이고, 둘째는 모델링과 멘토링을 강화하는 것이다. 셋째는 습관형성 프로그램을 시행하는 것이다. 신승범은 기독교적 인성교육을 해야 한다는 당위적인 요청을 넘어서 구체적인 교육방법에 대한 제언을 함으로써 한 걸음 더 전진했다고 할 수 있을 것이다.

이원일[7] 은 "칼뱅주의에서 기독교 인성교육: 호레스 부쉬넬을 중심으로"에서 다른 인성교육 연구자들과 차이점을 나타낸다. 우선 이원일은 인성을 분류할 때 크게 네 가지로 분류한다. 그리스도적 인성, 전형적 인성, 자율적 인성, 공동체적 인성으로 구분한다. 이원일은 또한 칼뱅주의 전통에서 인성을 바라보며, 또한 호레스 부쉬넬(Horace Bushnell)이라는 기독교 역사의 한 인물에게서 기독교 인성교육의 모델을 발견한다.

이제까지 살펴본 주요한 선행연구의 주장들은 대체로 대동소이하다. 기본적인 관점을 살펴보면, 연구자들은 일반 인성교육과 기독교 인성교육이 다르다는 사실을 강조

---

6 신승범, "기독교 인성교육에서 인성개념 도출과 인성교육 방향을 위한 제언," **신학과 실천** 56 (2017): 521-43.

7 이원일, "칼뱅주의에서 기독교 인성교육: 호레스 부쉬넬을 중심으로," **장신논단** 49, no. 2 (2017): 349-74.

한다. 그 이유는 기독교 인성교육이 일반 인성교육과 달리 기독교 인성교육에는 하나님과 관련된 영적인 차원을 가지고 있기 때문이다. 또한 기독교 인성교육은 일반 인성교육과 달리 성경의 시각에서 인간을 바라본다. 신론과 인간론에서 급격한 차이점을 가지기에 일반 인성교육과 기독교 인성교육은 그 기본적인 입장에서 크게 다를 수밖에 없다. 그러나 그렇다고 해서 기독교적 인성 및 인성교육과 일반적인 인성 및 인성교육이 전적으로 다르기만 한 것은 아니다. 여러 가지 점에서 현상적으로 유사하고 겹쳐지는 부분도 분명히 있고, 서로 상통할 수 있는 부분이 있다. 그러나 근본적인 측면에서는 차이점이 있음을 부인할 수 없다.

기독교 인성교육은 인간을 하나님의 형상으로 본다. 그리고 세밀하게 들어가서 보면 인간을 칸트(I. Kant)적 의미에서 능력 심리학(감성, 상상력, 지성, 이성 등의 능력으로 보는 관점)적 관점으로 보는 것도 아니고, 정신분석적 입장에서 인간을 바라보는 것도 아니다. 성경적 인간학을 보면 인간을 영혼, 영, 마음, 육을 가진 존재로 보며, 영적인 차원을 가진 존재로 본다. 하나님의 형상이라는 말도 깊은 주의를 요하는 개념이다. 기독교 인성교육의 목표는 하나님의 형상의 회복이다.

일반적 인성교육과 기독교 인성교육의 차이는 무엇보다도 그 덕목을 살펴보면 뚜렷하게 나타난다. 일반적 인성교육의 덕목의 대표적인 사례는 인성교육 진흥법에서 발표한 인성교육의 8대 핵심 덕목을 살펴보면 알 수 있다.

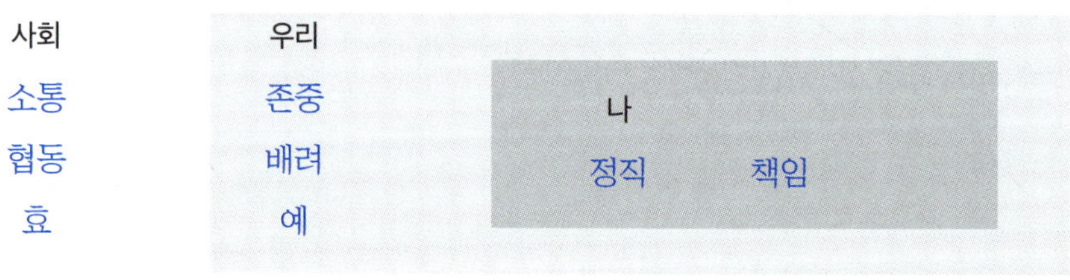

일반적 인성 : 인성교육의 8대 핵심 덕목(2015)

반면에 기독교 인성교육에서 말하는 덕목 중 대표적인 것은 성령의 9가지 열매인데 이를 도표로 하면 다음과 같다.

하나님	우리	나
사랑	오래참음	충성
희락	자비	온유
화평	양선	절제

종교적 인성 : 성령의 9가지 열매(갈라디아서 5장 22-23절)

일반적인 인성교육과 기독교적인 인성교육의 입장의 차이는 덕목에서 분명하게 드러난다. 일반적인 인성교육에서는 사회-우리-나를 큰 틀로 삼은 것에 비해 기독교적 인성교육은 하나님-우리-나를 인성교육의 큰 틀로 삼는다. 덕목의 세부적인 사항도 상당히 다르다.

대체적으로 기존의 선행적인 연구에서는 기독교 인성의 덕목을 성령의 9가지 열매와 산상설교의 8복, 그리고 베드로전서의 신의 성품에서 찾았다. 주연수의 연구는 기독교 인성교육의 기본적인 토대에서 더 발전적인 방향을 모색할 수 있는 암시를 발견하게 하며, 이원일의 연구도 성경적인 토대 위에서 2000여 년의 기독교 역사에서 다양한 전통 속에 있는 기독교 신앙의 선배들의 삶과 사상에서 어떻게 기독교 인성을 학습할 수 있는가를 암시한다.

기존의 선행적인 연구들은 기독교 인성교육의 기본적인 윤곽을 그려 놓는 기여를 했다. 그러나 기존의 연구들을 살펴보면 한계점도 가지고 있음을 알 수 있다. 기존 연구들에는 여전히 현실의 분석과 선언적인 요구들이 많다. 그리고 기본적인 윤곽을 그려놓았지만 이론적인 토대를 구축한 것에 머무르며 구체적인 교육 모델 혹은 프로그램을 제시하지 못했다는 아쉬움도 있다. 어떻게 보면 모든 기독교 교육은 다 기독교 인성교육의 측면을 가지고 있지만, 실상 기독교 인성교육이라고 제시할 수 있는 모델은 발견하기 어려운 것이다. 이러한 상황에서 본 연구는 기독교 인성교육의 모델을 모색하고 제시하고자 한다.

기독교인을 위한 인성교육

영성, 윤리, 성경, 상담

2. 기독교 인성교육 - 영성

1. 들어가는 말

오늘날 한국의 기독교 대학은 이중의 위기를 겪고 있다. 하나는 대학 생존의 위기요, 또 다른 하나는 기독교 대학의 정체성 위기이다. 대학 생존의 위기는 주로 학령인구 감소에 따른 정부 주도의 대학 입학정원 감축을 주된 목표로 한 대학구조개혁의 추진으로 본격화되고 있다. 이러한 상황에서 기독교 대학 역시 기독교적 인재 양성이라는 본연의 교육 목적보다는 취업률 향상과 정부의 대학정책에 충실한 지표관리에 치중하면서, 기독교 정신과 교육 목적을 상대적으로 소홀히 여겨 정체성 위기가 심화 될 우려가 있다.[8]

대학 구조개혁은 지역의 산업 수요에 부응하는 현장 실무형 교육과 취업률 제고에 초점이 맞춰져 있다. 대학교육의 유용성과 우수성이 학생들의 취업률과 같은 정량지표로 평가되면서 인문학이나 교양 교육 등 취업과 관련 없는 학과나 교과목은 통폐합되거나 대학교육의 주변부로 밀려나고 있다. 이에 따라 대학은 점차 학생들이 스펙을 쌓아 취업을 준비하는 취업훈련기관, 또는 기업이 요구하는 인재를 배출하는 산업인력 양

8 조용훈·최영근, "기독교대학 학원복음화 전략을 위한 한 연구," **대학과 선교** 28 (2015): 9-14; 최영근, "학원복음화 위기 극복을 위한 기독교대학 선교의 신학과 효율적 방안," **대학과 선교** 26 (2014): 52-53.

성학원으로 전락하고 있는 실정이다.[9]

이러한 현실 앞에서 기독교 대학이 본연의 정체성을 확립하며 이에 기초한 내실 있는 교육체계를 마련하지 못하고, 일반대학들과 차별성이 없는 경쟁적인 구조조정에만 매달릴 때, 기독교 정체성의 약화는 가속화될 것이며 결국에는 기독교 대학의 생존을 더욱 위협할 것이다. 그러나 박상진은 학령인구 감소와 기독교의 사회적 신뢰도 하락과 같은 기독교 학교에 대한 위협요소에도 불구하고, 그것을 극복할 수 있는 긍정적 영향이 크다면, 기독교학교의 발전을 기대할 수 있다고 보았다. 그는 "기독교학교의 미래"를 결정하는 요소로 "기독교학교의 교육의 질"을 강조하였다. 그 핵심은 설립 정신과 교육목적에 부합한 차별성 있는 교과과정, 기독교적 가치관에 따라 교수되는 교육내용, 그리고 "지성과 인성과 영성을 겸한 교육"으로 학생들의 삶의 변화를 이끌어주는 교사라고 보았다.[10]

이러한 분석은 기독교 대학의 대안 모색에 유효하다고 본다. 기독교 대학의 인성교육은 전인격적, 통합적 영성 교육의 차원으로 나가야 한다. 다시 말해 복음이 단지 교리나 지식에만 머무르는 것이 아니라, 복음의 가치를 공감하고 실천할 수 있는 인성과 덕성을 함양하고, 하나님과의 관계 속에서 자아 정체감과 공동체성과 세계관을 바르게 확립하고, 이웃과 사회와 자연과 세계에 대하여 책임적인 존재로 살아가도록 하는 영성교육의 차원을 가져야 한다.[11] 그리하여 "하나님의 사람으로 온전하게 하며 모든 선한 일을 행할 능력을 갖추도록 하여" 하나님 나라의 진리와 가치를 자신의 삶과 이웃과의 관계 속에서 구현하는 하나님 나라의 성육신적 영성교육이 되어야 한다.

한국의 기독교 대학은 교육을 통한 선교를 주된 목적으로 하고 있지만, 이에 못지않게 기독교적 인재를 양성하여 교회는 물론 국가와 사회, 세계에 봉사하는 지도자를 길러내는 것을 목적으로 하고 있다.[12] 이는 "기독교인으로 개종시킨다는 의미보다 기독

9 김태현·노명래, "순천향대학교의 인성교육 방안 연구," **인문과학논총** 6 (1998): 5-6; 한미라, "포스트모던 시대의 핵심 인재개발을 위한 기독교 영성교육모델: 기독교대학의 위기극복을 위한 대안," **기독교교육정보** 35 (2012): 73-77, 85-86.

10 박상진, "인구 전망에 따른 기독교학교의 미래 분석," **장신논단** 47 (2015): 317-350.

11 구제홍, "정보사회의 기독교대학의 인성교육: 명지대학교 인성교육의 사례를 중심으로," **기독교교육정보** 18 (2007): 39-41; 김소연, "한국 대학생들의 인성교육을 위한 채플 활성화 방안," **기독교교육정보** 34 (2012): 191-193.

12 강영선, "기독교 교양과목을 통한 선교," **대학과 선교** 창간호 (2000): 33-34.

교적 가치관을 지닌 지도자 양성"을 의미한다.[13] 교육을 통한 선교가 영적 기능이라면, 교육을 통한 인재 양성은 사회적 기능이라고 할 수 있다. 기독교 대학은 영적 책무와 사회적 책무 사이에서 균형을 유지하면서 기독교 정신에 입각한 진리 탐구와 진리의 실천을 통해 기독교적 인성교육을 수행하고, 이로 말미암아 복음의 진리와 가치를 학생 개개인과 사회 속에 구현해 나가야 한다. 전도만을 해야 한다면 굳이 "대학"이어야 할 필요가 없고, 기독교적 교육이 아니라면, 굳이 "기독교" 대학이어야 할 필요가 없을 것이다. 아서 홈즈(Arthur F. Holmes)는 "대학이 교육을 위해 존재하고, 인문대학이 인문교육을 위해 존재한다면, 기독교 대학은 기독교교육을 위해 존재한다"고 주장하였다. 기독교 대학의 기독교교육이란 일반 교육과 함께 성경공부를 더하는 개념이 아니며 교회와 관련된 소명 또는 직업을 갖도록 훈련하는 것도 아니고 기독교 대학은 "신앙과 배움이, 그리고 신앙과 문화가 창조적으로 또한 역동적으로 통합되도록 배양하는 교육에 그 특징이 있다"고 주장하였다. 즉 홈즈는 신앙과 학문의 분리(disjunction)가 아니라 통합(integration)이 "기독교 대학이 고등교육에서 감당해야 할 고유의 사명"이라고 주장하였다.[14] 기독교적 인성교육은 기독교 신앙의 원리와 정신에 기초한다는 측면에서 일반 인성교육과는 분명한 차별성이 있다. 인성의 사전적 의미는 사람됨 혹은 사람의 성품을 의미하지만, 기독교에서 말하는 인성이란 신학적으로 하나님의 형상으로서의 인간됨을 의미한다. 인간은 하나님의 형상으로 지음을 받은 영적 존재이며, 이것은 "육체를 제외한 영혼으로서의 의미가 아닌 영과 육의 통일체"인 전인격적 존재를 의미한다.[15]

이러한 기독교적 인성은 하나님과의 관계성에 기반하여 다른 이들과 자연과 세계에 대한 관계성, 곧 돌봄과 섬김의 책임성의 의미를 갖는다. 그리하여 기독교적 인성은 하나님과의 관계성과 이웃과 피조물과 세계에 대한 바른 관계성과 책임성을 의미하는 영성의 차원으로 확장된다.[16] 또한 기독교적 인성교육에서 중요한 부분은 공동체성과 실천적 교육이다. 기독교에서 말하는 교육은 단지 지적인 앎에서 그치는 것이 아니라 "지혜"로 대변되는 관계적, 참여적, 실천적 지식의 수양이다. 하나님과의 관계 속에

13 박용우, "기독교 채플을 통한 선교," **대학과 선교** 창간호 (2000): 53-55; 한미라, 83-84.

14 Arthur F. Holmes, *The Idea of a Christian College*, rev. ed. (Grand Rapids, Michigan: Wm. B. Eerdmans Publishing Co., 1987), 5-7.

15 한재희, "인성에 대한 전인적 이해와 기독교상담," **대학과 복음** 7 (2003): 244-245.

16 **같은 글**, 252-255.

서 진리를 깨닫고, 이웃들과 바른 관계를 맺으며 지혜를 실천하며 살아가도록 교육하는 것이다. 김기숙은 토마스 그룸(Thomas H. Groome)이 인지적 지식(cognitive knowledge)과 구별되는 관계적 참여적 지식을 포괄하는 통전적 존재론적 지식을 의미하는 개념으로 제시한 "커네이션(conation)"을 소개하면서, "인간이 하나님과 인간, 그리고 세계와의 관계 속에서 자기 나름대로의 존재방식을 지향하게 하는 커네이션 교육은 실천지향적인 교육"이라고 하였다. 그러면서 기독교적 인성교육의 특징은 공동체적이며 관계적이며 실천적 교육이라고 주장하였다.[17] 그룸은 "커네이션"이 지성 중심의 서구 세계에서 그 용례가 희박해져서 그 의미조차도 불분명해졌지만, 유대-기독교 전통에서 "지혜"와 동의어로 사용할 수 있다고 하면서, "진리를 아는 것과 바라는 것과 행하는 것을 아우르는 통전적인 지식"을 뜻하는 용어로 되살려야 한다고 주장하였다. "커네이션"은 인간을 지·정·의(知·情·意)를 아우르는 통전적 존재가 되도록 하고, 하나님과 자기 자신과 타자와 자연과 바른 관계를 맺어 관계적 존재가 되도록 이끄는 존재론적, 관계적, 실천적 지식이다. 기독교 교육은 커네이션에 의한 교육방법을 통해 그리스도인으로서 마땅히 해야 할 바를 알고, 바라고, 실천하도록 변화시키는 것이 핵심이며, 이러한 측면에서 회심과 변화라는 용어와도 상통한다고 하였다.[18]

그룸의 커네이션 개념은 자아와 타자를 구별하는 근대적 인식론과 인간관계의 이분법적 한계를 지양하고, 하나님과의 관계 속에서 자기 자신과 이웃과 세계와 건강한 관계를 형성하여, 타자와 연대하는 공동체적, 실천적 덕성을 지향한다는 측면에서 기독교적 인성교육의 차별성과 수월성을 분명하게 드러낼 수 있다.

17 김기숙, "공동체와 인성교육," **기독교교육정보** 14 (2006): 56-57.

18 Thomas H. Groome, *Sharing Faith: A Comprehensive Approach to Religious Education and Pastoral Ministry: The Way of Shared Praxis* (San Francisco: Harper San Francisco, 1991), 27-32.

2. 선행연구

기독교 영성교육에 관한 선행 연구는 다음과 같다. 김인태는 대한예수교 장로회 통합교단 소속인 안동교회 청년들을 대상으로 사례 연구를 하였고 그 결과를 바탕으로 청년들이 그룹 영성지도를 통하여 하나님과의 관계성을 회복하고, 청년들이 안고 있는 소외와 내면의 상처들로부터 치유되고 회복되어 건강한 사회의 한 구성원으로서 예수 그리스도의 영향력을 끼칠 수 있도록 해야 한다는 그룹 영성지도의 방향성을 제안하고 있다.[19] 유선희는 한국교회 어린이 교육의 문제 진단을 통해 영성교육이 어린이와 어린이 교육의 본질적인 문제임을 담론화 하고, 기독교적 어린이 영성교육의 접근방안과 원리를 탐색하여 올바른 어린이 영성교육 모델로 '십자가 모델'을 설계하였다.[20] 이영희는 유아가 하나님에 대한 바른 신앙관을 확립하고 건강한 가치관을 지닌 유아로 성장할 수 있도록 도움을 주기 위하여 기독교 유아영성교육의 실태를 분석하고 전문가 그룹의 요구를 기초로 기독교 유아영성교육 프로그램 모형을 개발하였으나 구체적인 프로그램을 제안하고 있지는 않다.[21] 함영옥은 영성에 대한 개념을 정리한 후 그에 따른 영성교육의 틀을 결정 하고 이를 토대로 기획하여 교육을 실시하고 평가하는 과정의 연구를 진행하였다. 그는 단기적, 장기적 영성교육을 실시하여 질적, 양적 성장이 있었으며, 성도들의 영적 성장이 교회의 부흥으로 연결되었다고 밝혔다. 하지만 그의 연구에서는 문화, 연령, 성별 등의 특징에 따른 영성교육 프로그램을 제언하지 못한 한계를 지적하며, 이러한 프로그램들의 개발 필요성을 주장하였다.[22] 김범석은 한국사회에서 발생하고 있는 청소년들의 문제가 기독청소년에게도 일어나고 있는 현상을 진단하여, 기독청소년의 올바른 자기 정체성을 확립시키고, 인성회복을 위한 기독교교육의 대안으로 문헌연구와 설문지법을 활용한 실태 조사 및 분석, 그리고 두 가지 연구 방법을 종

---

19 김인태, "청년들을 위한 그룹 영성지도 방향성 제안: 안동교회 청년부를 중심으로," (석사학위논문, 장로회신학대학교 목회전문대학원, 2012).

20 유선희, "어린이 영성교육을 위한 연구: 한국교회 어린이교육의 문제 진단과 새로운 방향 모색을 위한 연구," (박사학위논문, 장로회신학대학교대학원, 2009).

21 이영희, "기독교 유아 영성교육 프로그램 모형 개발을 위한 기초 연구," (박사학위논문, 중부대학교 대학원, 2016).

22 함영옥, "영성교육 프로그램 개발에 관한 연구," (박사학위논문, 아세아연합신학대학교 대학원, 2007).

합하여 새로운 청소년 영성교육 대안을 개발하였으나 구체적인 대안 프로그램 개발로 연결되지는 못하였다.[23] 강희천은 「기독교교육의 비판적 성찰」에서 "영성과 기독교교육"이라는 주제를 다루면서 교회에서 전통적으로 이해했던 '성과 속', '성직자와 평신도', '앎과 삶' 등을 단순하게 분리하는 이분법적 인식을 비판하면서 '성과 속', '앎과 삶' 등을 일치시키는 '통전적 영성'의 개념을 사용하고 기독교 영성교육의 올바른 모델을 제시하였다.[24] 그는 영성이 지식에 머물지 않고 생활 가운데 구체적으로 적용되는 것임을 주장한다. 김정훈은 "포스트모던 시대의 기독교교육을 위한 통전적 가르침에 관한 연구"에서 현대 기독교교육을 위한 통전적 교육의 아홉 가지 원리를 제시하였다. 첫째, 균형 있는 철학적 기초 위에 세운 교육. 둘째, 바른 신학에 바탕을 한 교육. 셋째, 교사의 비평적 성찰에 의한 학습자 중심의 교육. 넷째, 현대의 필요를 경험, 참여, 이미지 표출과 공동체 형성을 통하여 채워주는 교육. 다섯째, 학습자를 교회와 사회를 위한 영적 리더로 세우는 교육. 여섯째, 외적으로 드러나지 않지만 내적으로는 교사의 온전한 의도성을 갖춘 교육. 일곱째, 예술적-심미적 토양을 가진 교육. 여덟째, 무한 경쟁 가운데 혼란과 소외감을 느끼고 비인간화된 학습자의 상처받은 마음을 치유하는 교육. 아홉째, 학습자들을 영성과 감성으로 묶어내는 교육이다. 의도적 가르침과 비의도적 가르침 사이의 긴장 관계를 밝혀내어 제시한 아홉 가지 원리를 교회 교육 현장에서 적절하게 적용한다면, 건강한 신앙공동체를 완성해 가는 데 도움을 줄 수 있다고 주장한다.[25] 한미라는 "성서의 관점에서 본 기독교 교육"에서 기독교교육에서 추구해야 할 영성의 속성을 성서적 근거로 제시하였다. 그는 하나님의 생령(living soul)을 영성의 근원으로 삼았다. 영성은 그리스도인에게 하나님의 은혜로 말미암아 생령을 통해 지혜와 지성, 민감성을 얻게 하고, 도덕적이며 윤리적인 삶을 살 수 있고, 동시에 에너지가 넘쳐서 생산적이며 심미적인 사고와 활동을 하게 된다고 설명한다.[26] 김도일은 "인간성 회복을 추구하는 기독교 영성교육"에서 현대 사조의 흐름 속에서 교육자들이 준비해야 할 것을 고민하면서

---

23 김범석, "기독청소년의 인성회복을 위한 영성교육 방안에 관한 연구: 한국 감리교회를 중심으로," (박사학위논문, 호서대학교대학원, 2017).

24 강희천, **기독교교육의 비판적 성찰** (서울: 대한기독교서회, 1999), 4장 영성과 기독교교육 참조.

25 김정훈, "포스트모던 시대의 기독교교육을 위한 통전적 가르침에 관한 연구," (박사학위논문, 호남신학대학교 대학원, 2005).

26 한미라, "성서의 관점에서 본 기독교 교육," **기독교언어문화논집** 10 (2006): 74-107.

해결책을 모색하였다. 그는 학습자들을 자기도 인지하지 못하는 사이에 감성주의, 자기중심주의, 상대주의에 빠진 파편화된 인간성을 소유한 존재로 보았다. 이를 회복하기 위한 대안으로 기독교 영성교육을 제안하였다. 삼위일체 신학에 근거한 통전적인 영성이해를 토대로 기독교 영성교육의 가능성을 타진해 보았고, 영성훈련이라는 개념보다는 영성교육이라는 개념을 정당화하였다. 또한 인간성 회복을 목표로 하는 기독교 영성교육의 본질을 제시하고, 세 가지 교육방법으로 개인별/공동체별 차원, 유념적/무념적 차원, MBTI를 활용한 영성교육 방법을 제시하였다.[27] 조은하는 "기독교 청소년 교육에 대한 창조적 성찰"이라는 연구에서 청소년교육에 대한 비판적 성찰과 창조적 대안을 제시하기 위해 청소년들이 가진 발달적 특징을 사회 심리적, 인지적, 도덕적, 신앙적, 뇌 과학적 차원의 관점에서 살펴보았다. 이를 통해 청소년 교육에 대한 전문성과 체계성을 확보할 것과 참여와 소통을 통해 자기 주도적으로 기독교교육에 참여할 수 있도록 돕고, 통전적 영성과 건전한 시민의식이 통합되어 신앙과 삶이 통합되는 교육을 설계할 것과 미지막으로 청소년교육이 지향하는 가치에 대한 근본적인 성찰이 필요함을 제안하였다.[28] 김도일이 편저한 「미래시대 · 미래세대 · 미래교육」에서는 한국의 다음 세대를 준비하기 위한 교육에 대해 사회문화 트렌드, 인식론, 대중문화, 신앙공동체, 미래신학, 미래세대 학습자 이해, 교수-학습 방법론, 교육과정, 영성교육, 생태교육, 학교교육, 다문화교육 등 다양한 주제를 논의하였다는 점에서 큰 의의가 있다.[29] 이정관은 "가정과 교회의 맥락에서 본 청소년교육"에서 교회와 가정은 결코 분리되지 않고 더불어 교육하는 공동체로 세워져야 함을 피력한다. 그는 전통적으로 교회중심으로 행해져 온 청소년 교육의 부족함을 가정과 연계하여 교육할 때, 청소년들을 성장시킬 수 있을 것으로 예측했다.[30] 이종식은 "현대 청소년을 위한 기독교 가치관 교육의 재개념화에 관한 연구"에서 현대 청소년들의 가치관 위기와 그 원인을 4가지로 분석하였다. 가치관의 혼란과 부재, 중독과 탐닉, 생명훼손, 음란과 성으로의 도전이다. 청소년의 위기 극복을 도와줄 수

27 김도일, "인간성 회복을 추구하는 기독교 영성교육," **종교교육학연구** 32 (2010): 1-21.

28 조은하, "기독교 청소년 교육에 대한 창조적 성찰," **기독교교육논총** 34 (2013): 147-168.

29 김도일, **미래 시대 · 미래세대 · 미래교육** (서울: 한국기독교교육학회, 2016).

30 이정관, "Juvenile Education in the Family and Church Contexts: 가정과 교회의 맥락에서 본 청소년 교육," (박사학위논문, Fuller Theological Seminary, 2000).

있는 기독교적 가치관 교육을 재개념화하기 위해서는 교육현장의 삼위일체인 가정 · 학교 · 교회에서 교사와 부모 역할, 핵심 가치의 내용, 교육의 방법이 기준이 되어야 한다고 제안하였다.[31] 이주아는 "한국 청소년의 위기에 대한 기독교교육적 대안 모색"에서 현대 한국 청소년 문제는 단순한 음주와 흡연, 가출, 절도에서부터 학교폭력, 성매매, 왕따 등 다양한 원인으로 발생하는 자살 등으로 이동하고 그 대상 또한 대부분의 학생들이 겪고 있는 문제로 확대되고 있다고 알려준다. 이를 극복하기 위해 기독교 가치관에 근거한 건강한 자기정체성을 형성하고, 현대 문화에 대하여 분석적이며 창의적인 주체성을 형성하고, 기독교공동체의 역할을 정립해야 한다고 주장한다. 그리고 모바일 미디어를 이용하여 청소년을 교육하되 일상생활 가운데 함께 나눌 수 있는 대화형 학습을 제시하고 있다.[32] 박준하는 "청소년 기독교 영성증진 프로그램의 개발과 효과검증"이란 연구를 통해 첫째, 기존의 프로그램 개발 선행연구를 비교 분석하여 적절한 개발 모형을 설정하였고 영성증진 프로그램의 신뢰도와 타당성을 확보하였다. 둘째, 청소년 기독교 영성증진 프로그램은 청소년들의 효과적인 영성발달을 가져오고, 정서·심리적 문제 가운데 특별히 영적으로 원죄와 관련성이 깊은 내면의 수치심과 불안을 감소시키는 데 효과적이며, 교육적인 집단상담 프로그램으로서 청소년기의 신앙성숙을 도울 수 있었다.[33] 홍원표는 "포스트모던 시대의 청소년 영성교육에 관한 연구"에서 포스트모더니즘의 세속화 현상에서 표현된 문화적 상대주의, 전통적인 가치관에 대하여 거부하고 해체되는 거대한 흐름 속에서 교회교육의 위기를 극복하고 올바른 청소년 영성형성을 위한 영성교육의 실천적인 모형을 제시하였다.[34]

---

31 이종식, "현대 청소년을 위한 기독교 가치관 교육의 재개념화에 관한 연구," (박사학위논문, 호서대학교 대학원, 2012).

32 이주아, "한국 청소년의 위기에 대한 기독교교육적 대안 모색," **한국기독교신학논총** 83 (2012): 351-375.

33 박준하, "청소년 기독교 영성증진 프로그램의 개발과 효과검증," (박사학위논문, 영남대학교 대학원, 2011).

34 홍원표, "포스트모던시대의 청소년 영성교육에 관한 연구," (박사학위논문, 서울기독대학교 대학원, 2015).

3. 이론적 배경

'신학'이라는 말이 성경에 없듯이 '영성'이라는 말도 성경에 없는 말이다. 그러나 신학이라는 말과 더불어 이제 영성은 신앙을 논할 때 빠뜨리기 어려운 중요한 용어가 되었다. 그런데 보통 '신(神)에 대한 학문(學)'을 뜻하는 신학(神學)과 다르게 영성(靈性)은 한자만 가지고는 의미를 이해하기가 어렵고 오히려 오해를 불러 일으키기 쉽다.

국어사전에서는 '영성'을 "신령한 품성이나 성질"이라고 정의한다. 이런 의미의 영성은 물질이 가지고 있는 성질이라는 뜻을 가진 '물성(物性)'의 반대어라고 할 수 있을 것이다. 그러나 현대 기독교 문헌이나 담론에서 영성이 그런 의미로 사용되는 경우는 거의 없다.[35]

1) 기독교 영성

기독교뿐만 아니라 다른 종교에서도 영성이라는 말을 오래전부터 사용하고 추구해 왔던 것처럼, 기독교에도 영성이라는 단어가 오랫동안 사람들의 입에 회자되어 왔으며 나름대로의 특성화된 정의가 존재한다. 그런데 이러한 영성에 대한 관심의 증가에도 불구하고 영성에 대한 일반적인 이해 또는 기독교 전통과 관련된 의미의 영성에 대한 이해를 좀 더 면밀히 살펴보면 '영성'에 대한 개념이 분명하지 않거나 왜곡되거나 잘못 해석되어 사용되는 경우가 많다. 이 말은 곧 '영성(spirituality)' 이라는 용어는 그 개념 정의에 있어서 애매성과 모호성을 지니고 있다고 볼 수 있다. 여기서 말하는 애매성은 '영성'이라는 용어가 다양한 의미로 해석될 수 있다는 것을 지적하는 것이며, 모호성은 '영성'과 '비영성'을 구분하는 경계선이 명확하지 않다는 것을 의미하는 것이다. 다르게 말하면 영성이란 개념은 학자들이 정의하는 것에 따라서 다양한 의미로 해석될 수 있을 뿐 아니라 역사적으로 살펴볼 때에도 그 의미를 정확하게 구별해 낼 수 있는 일성한 신

35 영성 연구회 평상, **오늘부터 시작하는 영성훈련** (서울: 두란노, 2019), 18.

학적인 준거나 지표가 마련되어 있지 않다는 것이다.[36]

'영성'이라는 용어는 영육(body)이나 물질(material)과는 구분되는 그 밖의 모든 것을 총칭하는 용어로 사용되기도 하였고 또는 경건(piety), 금욕주의, 신비적 체험 등이 영성과 동의어로 사용되기도 하였고 또는 그리스도인의 삶(Christian life)을 뜻하는 지극히 포괄적인 의미로 사용되기도 하였다.[37] 이런 경우 '영성'이란 초월적인 삶 혹은 내면적인 삶을 추구하는 인간의 보편적인 특성 내지 가능성을 의미하는 존재론적인 용어로 사용된 것이라고 볼 수 있다.

이러한 흐름 속에서 현대의 영성 연구에 있어서는 영성의 개인적 차원의 측면, 즉 내면의 변화와 성품, 혹은 성향에 관한 부분에 관심을 갖는 시각이다. 즉 영성(靈性, spirituality)이란 일반적으로 영혼의 성품, 성질, 혹은 성향을 가리키며, 라틴어 'spiritualitas'는 '비물질적 본질' 혹은 '내적인 영적 본질'을 의미한다.[38] 기독교 전통에서 영(spirit)은 어원적으로 히브리어 루아흐(רוח, ruach)와 헬라어 프뉴마(πνευμα, pneuma)와 밀접한 관련성을 가지는데, 그 의미는 '호흡' 또는 '바람'이다. 히브리어 루아흐는 인간의 활기를 불어넣어 주는 것이므로 사람의 생명을 연장시키고 가능케 하는 것이다.[39] 프뉴마는 하나님과 예수의 영 즉, 성령을 의미하며 이것에 의하지 않고서는 하나님의 사람이 될 수 없고, 모든 기독교인에게는 이 영이 존재하며 이 영에 이끌림을 받아 산다.

2) 영성 교육

영성을 영혼의 성품과 총체적인 삶의 경험이라고 해석한다면 과연 영성이 가르침의 대상이 될 수 있는가라는 질문을 던져본다. 영성은 도그마(dogma)도 아니고 지식이 영성의 습득을 보장해 주는 것도 아니다. 실제로 많은 지식이 없어도 일상적인 삶 속에서 순수한 믿음을 갖고 그 믿음을 기준으로 실천하며 사는 과정 가운데 시나브로 습득

---

36 조은하, **통전적 영성과 기독교교육** (서울: 한들, 2004), 64-67.

37 Gordon S. Wakefield, "Spirituality" in *The Westminster Dictionary of Christian Spirituality,* (ed) by Gordon S. Wakefield (Philadelphia: Westminster, 1983), 361-63.

38 John S. Brubacher, *A History of Problems of Christian Education* (New York: McGraw Hill Company, 1966), 308.

39 정희숙, "St. Augustinus의 영성교육론," **종교교육학연구** 13 (2001): 290.

되어지는 것이 영성일 수 있다. 설령 많은 지식과 도그마를 통해 영성을 습득한다 할지라도 그 영성은 피상적이고 무능력한 영성에 머무를 수도 있는 것이다. 따라서 영성 교육의 타당성과 그 방법에 대한 문제는 기독교 신학과 기독교 교육의 영역에서 늘 제기되어 왔던 문제이며 이것에 대한 답은 학자마다 가지고 있는 신학적 기초, 교육적 기초 중 인간관 및 교육의 목표 및 목적에 대한 사상에 의해서 서로 다른 의견들이 제안되어 왔다. 인간의 가능성에 대하여 비교적 낭만적인 견해를 갖고 있던 자유주의 기독교 교육학자들은 대부분 신앙을 가르칠 수 있다고 하였으나 인간의 죄성(sinfulness)을 더 강조하던 보수주의 신학자들은 대개 신앙은 전적으로 은혜에 기인한 하나님의 선물이므로 인간 교사가 가르칠 수 있는 사안이 아니라고 주장하였다.

존 듀이(John Dewey)와 교육적 신념의 맥을 같이 하는 코우(George A. Coe)가 전자에 해당하고 사라 리틀(Sara Little)과 교육 신학적 맥을 같이하는 아스머(Richard Osmer)와 같은 학자가 후자에 속한다고 볼 수 있다. 그러나 앞에서 제기한 바와 같이 영성 교육에 대한 논의도 자유주의 기독교 교육학자들의 입장이나 보수주의 신학자들의 입장 중 무엇을 선택할 것인가가 아니라 통합적으로 이해하는 것이 필요하다고 볼 수 있다. 즉, 교사가 영성 그 자체를 가르쳐서 얻게 하거나 줄 수는 없어도 영성에 대한 지식과 지혜를 갈망하게 하고 '영성적 삶'을 실천할 수 있게 학습자를 도와줄 수는 있다는 것이다. 또한 영성 교육은 '영성을' 가르치는 교육이라기보다는 영성적인 삶을 살 수 있는 방법을 알려 주고 '영성에 대하여' 가르치는 교육이라고 보는 편이 더 논리적일 것이다. 이러한 논거로 보면 영성을 가르친다는 것은 바로 최종적 결과물(product or being)로서의 영성을 획득하도록 하는 것이 아니라 과정(process or becoming)으로서의 영성적 삶을 이끌어 가도록 돕는 전체적인 과정이라고 볼 수 있다. 따라서 교사는 교육을 통해 학습자들이 영성이라는 위로부터 오는 선물, 즉 초월적이면서 신비적인 경험과 은총적 차원의 신앙적 경험들을 수용하고 인식할 수 있도록 돕는 한편 존재변화들이 구체적 삶 속에서 어떻게 실현될 수 있을까 하는 실천의 문제들에 대한 답들을 찾아갈 수 있도록 돕는 역할을 하는 것이라고 볼 수 있다.[40]

이러한 논의에 대한 주요한 통찰을 제공하는 학자 중 영성가 토마스 머튼(Thomas Merton)이 있는데 그는 교육의 목적에 대하여 "나는 교육이란 그저 지식을 전달하는 것

40 Bill J. Leonard(ed.), *Becoming Christian* (Westerminster: John Knox, 1990), 9-10.

을 넘어서야 한다고 믿는다. 교육이란 전인 즉, 통전적인 인간 형성을 위한 것이라고 확신한다." 고 말했다. 이러한 머튼의 주장은 본질적으로 교육은 영성이라는 단어와 본질적으로 분리시킬 수 없는 상호 밀접한 관계에 있다는 것을 의미한다. 또한 기독교 교육학자 파커 팔머(Parker J. Palmer) 또한 교육을 영적 여정 즉, Education as Spiritual Journey로 묘사한다. 이것은 달리 서술하여 여정과 과정으로서의 교육을 정의한 것이다.[41] 이러한 논의를 통해서 볼 때 영성 교육은 한 사람으로 하여금 진정한 신앙 가운데서 자기 정체성을 확립하고 신앙적 고백과 기독교적 앎이 삶의 자리 가운데서 실천될 수 있도록 도와 개인적 신앙 정체성과 신앙적 체험이 공동체의 삶과 실천으로 옮겨질 수 있도록 돕는 과정이라고 볼 수 있다. 이러한 맥락에서 본다면 영성교육은 잘못된 현대 교육의 방향과 목적, 실추된 교육의 위상, 우리의 단절된 대화관계를 재정립하고 재결합시키는 하나의 계기 내지는 지름길이 될 수 있다는 가능성에서 비롯된[42] 것이라고 볼 수 있다.

3) 기독교 영성교육

기독교계에서는 대학생 및 청년들에게 한국 교회의 미래가 있음을 깨닫고 교회 내 청년층에게 시선을 돌리고 있으며, 청년들을 대상으로 한 다양한 프로그램을 도입하며 청년들의 영적 성장을 위하여 많은 노력을 기울이고 있다. 그리고 영성교육 역시 의식적이면서 친밀한 하나님과의 관계를 성장시키는 데 초점을 두고 있다. 그 결과 내면에서 경험되는 하나님 체험을 통하여 올바른 하나님 인식과 자기 인식을 함으로써 하나님의 뜻을 발견하고 기쁜 마음을 가지고 자발적으로 그리스도의 삶을 따르도록 하는 데 그 목적을 둔다. 따라서 일상을 살아가는 사람들의 삶의 형태가 변한 만큼 현대의 영성교육 역시 변화하여야 한다.[43]

그러나 현재 교회에서 진행되는 영성 프로그램들은 여전히 대학생 및 청년들에 대한 이해가 부족하고, 청년들의 영적 상태가 어떠한지에 대하여 정확한 진단 없이 진행

41 Parker J. Palmer, *To Know As We Are Known: Education as Spiritual Journey* (San Francisco: Harper and Row, 1983).

42 정희숙, 285-304.

43 김경은, "개신교 영성훈련의 현재와 전망- 관계적 통전적 경험의 내면화를 지향하며," **한국기독교신학논총** 102 (2016): 193-219.

되고 있다. 시대가 변함에 따라 청년들은 변화하고 있는데 그에 비해 교회는 시대의 변화에 적절하게 대응하지 못하고 있는 것이 실상이다. 따라서 본서에서 제시하는 영성교육 모델은 기독교 대학생들 중 교회로 인해 상처 받고, 교회를 떠나갔거나 영적으로 성장이 없는 그들을 이해하고, 오늘을 살아가는 데 필요로 하는 영성의 성장을 도울 수 있는 영성교육 방법을 제안하는 데 있다.

4. 프로그램 개요

오늘날 대학생들은 급변하는 사회 속에서 학교생활과 취업의 문제에 직면해 있을 뿐만 아니라 사회의 여러 가지 유혹 속에서 살아가고 있다. 따라서 대학생 영성교육에 있어서 이러한 교육의 주체가 누구인가를 깨닫는 것은 매우 중요한 일이다.

본 영성교육 프로그램은 대학생들이 자신의 영적 상태를 인지하고 영성 교육의 필요성을 느껴 스스로 훈련할 수 있도록 돕는 것이 주된 목적이다. 영성은 그리스도 안에 있는 자신의 영성이기 때문에 발달의 주체는 철저하게 대학생 자신이 될 필요가 있다. 옛사람이 죽고 새 사람으로 거듭나는 행위가 바로 영성 발달이라고 할 수 있다. 따라서 대학생 자신 안에 있는 영성이 본 교육의 주체가 되어야 한다.

대학생을 위한 기독교 영성교육 프로그램은 대학생들이 그리스도 안에서 영적인 성숙을 위하여 스스로 개발하고 훈련할 수 있도록 지침이 되는 프로그램으로 구성하고자 한다. 교육 방법으로는 침묵기도를 통해 무의식적이든 의식적이든 내가 감추고 있는 또 감추고 싶은 나의 문제를 드러내고 그 문제를 통해 하나님과 더 가까워질 수 있도록 돕는 저널링(Journaling), 영성 훈련의 여정을 기록하며 소화하는 단계인 영성 일기, 전통적인 영성교육 중 하나인 거룩한 독서, 상상력을 펼쳐 성경 속으로 재밌게 여행을 떠나는 거룩한 상상이다.

1) 저널링(Journaling)

내적 침묵 기도의 깊이가 깊어지면 우리는 우리 현주소를 돌아보며 하나님의 임재 안에 더 강력하게 머물고 싶은 소망을 갖게 된다. 오랫동안 묶어 놓고 감춰 놓았던 문제들이 나오게 된다. 방향을 잃고 간구의 기도를 넘어서지 못해 그저 '나'와 '우리'만 가득 차 있던 기도가 바른 침묵 기도의 훈련을 통해 하나님을 사랑하고 사람을 사랑하라는 명령에 순종하는 기도로 변하게 된다.

지금 소개하는 저널링(Journaling)은 침묵기도를 통해 무의식적이든 의식적이든 내가 감추고 있는 또 감추고 싶은 나의 문제를 드러내고 그 문제를 통해 하나님과 더 가까워질 수 있도록 돕는 영성교육 방법이다.

저널링은 생각하지 않고 쓰는 것이다. 생각하지 않고 쓰는 것이기에 특별히 글씨를 깨끗하게 잘 쓰려고 애쓸 필요도 없다. 팔이 가는 대로, 생각이 흐르는 대로, 흘러나오는 대로 쓰면 된다. 저널링은 말하자면, '손으로 표현하는 내적 침묵기도'라고 할 수 있다. 이 저널링은 놀랍게도 내적 침묵기도를 도와 우리의 무의식을 드러나게 한다.

저널링을 하는 방법은 다음과 같다.

- 시간 : 내적 침묵기도 전에 약 15분 정도의 길이로 한다.
- 분량 : 쉼 없이 계속 쓰는 것이기에 보통 노트 2-3페이지 정도 분량이 된다.
- 주의 : 절대로 생각하고 쓰는 것이 아니다!

2) 영성 일기

어린 시절부터 일기장을 써온 우리는 자의든 타의든 자신의 하루를 성찰하고 반성하고 내일의 계획을 세우는 것에 익숙해져 있다. 특히 기독교인들은 큐티를 통해 말씀을 묵상하고 그 묵상을 통해 하나님의 음성을 듣는다. 하나님의 음성을 듣는 효과적인 방법 중 하나가 일기 쓰기이다. 오랜 세월에 걸쳐 수많은 경건한 사람들이 일기를 써 왔고 그들의 영적 성장에 큰 도움이 됐을 것이다.

영성일기는 단순히 일상생활 속에서 일어난 일들을 기록해 두는 것이 아니라 하나님의 현존 가운데서 자신의 삶에 일어난 일들, 떠오른 생각들, 그리고 마음의 움직임들을 기록하며 살펴보는 것이다.[44] 일기를 쓰기 위해서는 자신의 외적인 삶뿐만 아니라 내면의 생각과 감정을 살펴보는 성찰의 능력이 필요하다. '성찰'은 영어로 'self-

44 영성 연구회 평상, 181.

examination' 또는 'reflection'이라는 단어로 표현된다. 둘 다 마치 거울에 비친 자신의 모습을 찬찬히 바라보는 것처럼 자신을 관찰하거나 또는 사고의 대상으로 삼아 살펴보는 것을 의미한다. 이렇게 자기 자신을 의식하고 대상화시켜 성찰하는 것은 오직 사람만이 갖고 있는 정신적 작용이라고 알려져있다.[45]

한국에서 영성일기는 유기성 목사에 의해 대중화되었다. 유기성 목사는 영성 일기 작성에 대해 다음과 같이 조언한다.[46]

(1) 지금 당장 일기를 쓰기 시작하라.
(2) 하루 중에 예수님을 생각했던 순간에 대해 기록하라.
(3) 예수님을 생각하지 못하고 지냈던 순간에 대해 기록하라.
(4) 하루를 보내고 기억나는 특별한 일은 무엇이 있었는지 기록하라.
(5) 메모하는 습관을 가져라.
(6) 주님 바라보기와 말씀에 순종하기에 퍼센트(%)를 매겨보라.
(7) 잠자리에 들면서, 내일 아침 눈뜰 때 주님이 생각나도록 기도하라.
(8) 일기와 큐티와 기도시간이 부족하면 불필요하게 낭비하는 시간을 정리하라.
(9) 자신의 마음을 사로잡고 있는 것이 무엇인지 분별하라.
(10) 영성일기 나눔방에 등록하라.

다음은 프랭크 루박 선교사의 일기 중 가장 하나님의 임재를 인식한 날의 일기이다.

6월 16일 수요일, 인도의 하이데라바드 주 세쿤데라바드에 있는 사게트 목사의 집에서 하나님을 가장 많이 의식한 하루, 베드로 전서 4장, 하나님 의식하기 95%

---

45 같은 글.

46 유기성, **영성일기 인도자용** (서울: 규장, 2012), 31.

"하루 24시간 동안 하나님을 의식하는 시간의 퍼센트가 이전의 어느 날보다 높았던 오늘은 정말로 풍성한 날이라서 몇 페이지를 더 기록할 수 있었습니다. 이처럼 제가 하루 종일 하나님을 기억할 수 있었던 것은 무엇 덕택이었을까요? 오늘 버스 안에서 사람들을 위해 기도했을 때 그 사람들이 보인 반응은 눈에 띄었습니다. 하나님의 충만한 전류가 제 영에 흐를 때 제 영이 백열을 내면서 빛나는 것 같습니다. 우리는 완전하신 아버지와 완전하신 아들이 서로 안에서 자기를 계시하시는 그 관계 안에 들어가도록 되어 있습니다. 우리는 그 관계 안으로 들어오라는 초대를 받았습니다. 하나님께서는 정말로 밝게 빛나는 영광으로 제 영혼을 먹이십니다."[47]

웨슬리 역시 영성일기를 은총의 수단으로 보았다. 그는 1725년부터 일기를 두 종류로 나누어 쓰기 시작했는데, 객관적 사실을 중심으로 서술한 것은 "diary"에 기록했고, "journal"은 해석을 중심으로 기록하였다. 김홍기는 웨슬리의 일기는 그의 성화생활을 가장 잘 연구해 볼 수 있는 자료라고 말한다. 웨슬리는 경건생활 점검목록을 만들어 일기를 쓰는 데 사용하였다.[48]

[영성일기 작성 지침]

① 미루지 말자

우리는 어린 시절 개학 전날 방학 동안 밀린 일기를 썼던 경험이 있었을 것이다. 분명 일기는 그날 있었던 일을 정리해 봄으로써 자신을 성찰하고 반성하고 내일을 계획하는 것에 의미가 있다. 그런데 일기 쓰기를 미루다 보면 그 의미가 퇴색되어진다. 영성 일기도 마찬가지다. 쓰기로 결심했을 때 바로 시작하는 것이다. 배울 것도 없다. 글을 잘 쓰지 않아도 된다. 첫 단어부터 쓰기 시작하면 자연스럽게 하나하나 배우게 된다.

---

47 Frank Laubach, **프랭크 루박의 기도일기**, 배응준 역 (서울: 규장, 2012), 5-7.

48 박미경, "개신교 영성훈련의 현재와 미래 - 금식과 영성일기를 중심으로," **종교교육학연구** 43 (2013): 1-5.

② 일기의 초점의 대상을 기억하자

우리가 쓰던 일기와의 가장 큰 차이점은 영성일기의 초점은 예수님이라는 것이다. 일반적으로 일기는 하루 있었던 일을 기록하며 반성하는 것이지만 영성 일기는 하루를 살아가면서 예수님을 생각했던 순간, 생각하지 못했던 순간들을 기록하면서 예수님과의 교제에 깊게 들어가 보는 것이다.

③ 메모하는 습관을 기르자

사실, 일기를 쓰려고 자리에 앉아도 그날 있었던 일이 기억이 나지 않으면 쓰기가 어렵다. 영성 일기도 마찬가지다. 그때그때 메모를 해 놓지 않으면 한 문장도 쓰기가 어렵다. 따라서 하루라는 시간 속에서 큰 사건별로 메모를 해 놓고 그 순간 예수님은 무슨 일을 하셨을지 생각해본다.

④ 시간 다이어트를 해 보자

학창 시절 시험 기간에 친구들과 통화를 하고, 책상 정리를 하고, 밥 먹을 시간은 꼬박꼬박 다 챙기면서 정작 공부할 시간은 없다고 느껴본 경험이 있을 것이다. 마찬가지다. 스마트폰 하기, 친구들과 수다 타임 갖기, 좋아하는 드라마 보기 등으로 시간을 보내면서 예수님과 교제할 시간은 없다고 한다. 그리고 드라마 한 편을 보는 1시간은 시간이 어떻게 흘러갔는지 느끼지도 못하는데 예수님과 교제하고 묵상하는 시간은 10분도 길다고 느낀다. 따라서 시간 다이어트가 필요하다.

[영성일기 작성 가이드 라인]

영성일기를 처음 시작할 때 어떻게 작성해야 하는지 방법을 잘 모르는 경우가 많을 것이다. 그런 경우 다음 질문에 답해 보면서 작성하면 많은 도움이 될 것이다. 또한 영성일기 쓰기가 훈련이 된 후 지금 소개하는 질문 외에 자신만의 질문을 추가해서 답변을 해 보는 것도 좋다.

1. 아침에 일어날 때 제일 먼저 한 생각은 무엇입니까?
2. 아침에 일어날 때 하나님 또는 예수님 생각을 하였습니까?
3. 식사 시간에 기도는 하였습니까?
4. 성경을 읽거나 큐티를 하셨습니까? 하셨다면 나에게 주신 말씀은 무엇입니까?
5. 공부를 하거나, 일을 하거나, 누군가를 만나거나, 혼자 있었거나 그 시간마다 하나님 또는 예수님을 생각하려고 노력은 하였습니까?
6. 노력하지 않았는데도 하나님 또는 예수님이 저절로 생각난 적은 언제였습니까?
7. 하루 중 가장 많이 한 생각과 말은 무엇입니까?
8. 오늘 하루 나에게 주님이 주시는 메시지는 무엇인 것 같습니까?
9. 오늘 말씀이나 큐티 말씀 중 순종하려고 노력은 해 보셨습니까?
10. 하루 동안 내가 했던 아름다운 말과 일들, 멋있는 일들, 자랑스러운 일들을 3가지 이상 적어 보시겠습니까?
11. 하나님이 나에게 행하신 일들을 생각해 보며 3가지 이상을 기록해 보시겠습니까?
12. 오늘 하루의 삶을 돌아보면서 내일을 계획해 보세요. 너무 많은 것들을 계획하지 말고 어떤 일이 있어도 꼭 해야 할 3가지 일을 적어보시겠습니까?

영성 일기의 목적은 일지처럼 자신에 대한 객관적인 기록을 남기는 것도 아니고, 자신의 심리를 더 잘 이해하는 것도 아니며, 내면의 상처를 치유하기 위한 것도 아니다. 영성 훈련과 실천으로서의 일기 쓰기가 추구하는 것은 단 하나, 한 사람이 하나님과의 관계 속에서 성숙하고, 그리스도인으로서 보다 진정한 삶을 사는 것이다.

3) 영성 교육 교수법 1 - 거룩한 독서

영성 교육을 위한 교수법은 지도자 - 학습자 - 학습주제가 다 함께 '진리를 깨닫고 순종하는 공간'을 창조하려는 목적과 그것을 구체화하는 것이다. 그 대표적인 교수법으로 거룩한 독서가 있다.

보통 읽기에는 두 가지 방식이 있다. 신문이나 광고지 등을 읽는 것처럼 정보를 얻기 위한 읽기(reading for information)와 자신이 변화 되기 위한 읽기(reading for transformation)가 있다. 이 읽기 방법은 머리만이 아니라 전인격으로 읽으며 텍스트를 수용하는 방식인데, 성경 읽기가 여기에 해당한다.[49]

성경 읽기는 한국 교회와 깊은 인연을 갖고 있다. 20세기 초 평양을 중심으로 일어난 대부흥운동에서도 성경을 읽고 배우는 사경회(査經會)가 매우 중요한 역할을 했다는 것은 널리 알려진 사실이다.

그렇다면 성경을 어떻게 읽어야 할까? 오늘날 한국 교회 안에는 다양한 성경 읽기 방법이 통용되고 있다. 그 종류는 아래와 같다.

성경 통독	성경 읽기의 가장 일반적인 형태로 성경 전체의 흐름과 윤곽을 이해하기 위해 빠르게 읽는 방법
말씀 묵상	짧은 본문 말씀을 깊이 묵상하기 위해 천천히 반복적으로 읽는 방법
성경 공부	특정 본문 말씀의 내용을 이해하기 위해 주석이나 다른 참고 자료들을 활용해서 그 배경과 의미를 연구하는 주로 지성적인 접근 방법

이 외에도 말씀을 소리 내어 읽는 '낭독', 침묵 가운데 읽는 '묵독', 예배나 모임에서 함께 말씀을 읽을 때는 정해진 독서자가 혼자 '봉독'하기도 하고, 순서를 정해서 번갈아 가며 '교독'하기도 하며, 다 같이 읽는 '합독'이 있다.[50]

미국의 대표적인 영적 지도자인 리처드 로어(Richard Rohr) 신부는 "좀 더 알고, 좀 더 읽고, 좀 더 공부하려는 우리의 열망은 우리 문화와 이 문화가 지닌 소유 본성의 또

49 영성 연구회 평상, 42.

50 **같은 글**, 35.

다른 표현일 수도 있다. 우리의 목표는 더 많이 아는 것이 아니라, 하나님을 아는 것이다"라고 했다. 이는 곧 거룩한 독서는 지식을 쌓기 위함이 아니라 하나님께 더 가까이 가기 위한 방법이라는 것이다. 사도 바울 또한 에베소서 3장 17-19절에서 "믿음으로 말미암아 그리스도께서 너희 마음에 계시게 하시옵고, 너희가 사랑 가운데서 뿌리가 박히고 터가 굳어져서, 능히 모든 성도와 함께 지식에 넘치는 그리스도의 사랑을 알고, 그 너비와 길이와 높이와 깊이가 어떠함을 깨달아, 하나님의 모든 충만 하신 것으로 너희에게 충만하게 하시기를 구하노라"고 했다. 즉 거룩한 독서는 자신의 지식을 자랑하기 위함도 아니오 본문을 해석해서 이론을 정립하기 위함도 아니오 그저 우리를 하나님의 임재 속으로 초대하여 지금 이 순간 나를 향해 말씀하시는 하나님의 사랑의 음성을 듣기 위함이다.

따라서 지금 소개하는 거룩한 독서의 목적은 분명하다. 그것은 바로 성경에 대한 지식의 습득이 아니라 말씀을 통해 내가 변화되는 것이다. 곧 거룩한 독서는 내가 말씀을 읽는 것이 아니라 하나님이 나를 읽으시는 과정이다. 같은 본문을 읽어도 사람에 따라서, 읽는 시기에 따라서 마음에 와닿는 구절이나 단어가 다른 이유가 여기에 있다. 이처럼 하나님이 말씀을 통해 우리를 읽으시고, 우리가 그분의 음성에 겸손하고 진솔하게 반응할 때 하나님은 우리를 변화 시키신다.

| a. 들어가기(prelude): 침묵 |

'들어가기'는 하나님과의 관계 안에서 지도자와 학습자가 학습주제를 통하여 하나님의 뜻을 헤아리고 그분의 음성을 듣기 위하여 조용히 '침묵'(silence)과 함께 시작된다. 영성교육의 교수방법으로서 침묵은 첫째, 기다림이다. 침묵은 무엇보다 지도자와 학습자들이 자신의 내면에 하나님(성령)의 가르치심과 인도하심과 깨닫게 하시는 능력을 기대하며 간구하는 시간이다(요 14:26). 둘째, 하나님의 음성 듣기이다. 침묵은 일종의 기도로서 살아계신 하나님의 가르치심과 인도하심을 받기 위하여, 또한 그분의 음성을 듣는 법을 배우며, 그분의 말씀에 순종하기 위하여 지도자와 학습자들이 다함께 마음의 준비를 하는 시간이다(시 95:7). 셋째, 숙고이다. 침묵은 학습자들이 오늘의 학습 주제를 통하여 하나님께서 말씀을 통하여 가르쳐주실 내용을 기대함과 동시에 깊이 숙고할 수 있는 학습의 공간을 창조하는 시간이다. 그러므로 침묵은 하나님의 창조된 세계 안에서 지도자와 학습자가 학습주제를 통하여 시간과 공간의 전환이 이루어지는 공간이며, 학습자는 과거로부터 현재로, 그리고 미래로 전진해 나아가고자 참된 존재의 자아를 모색하는 시간이다.

| b. **대화하기**(dialogue): **이야기** |

대화하기는 학습주제에 대한 학습자들의 흥미와 동기 유발을 위하여 지도자들에 의하여 제공되는 짧은 소재의 이야기, 또는 학습자들이 자기 이야기를 소개하는 시간이다. 영성교육을 위한 교수방법으로서 이야기는 지도자에 의하여 주도된 학습내용의 일방적 전달방식을 넘어서, 지도자와 학습자 상호 간에 인격적인 의사소통과 공감의 형성은 물론, 학습주제의 이해, 몰입, 확장을 위한 장치이다. 더 나아가 이야기는 학습자들의 삶을 풍성하게 해주며, 개인적인 동시에 사회적 역사로 한 사람을 이끌어 주는 데 있다.[51] 대화의 단계에서 지도자는 성서의 주제와 관련된 짧은 이야기를 소개한다. 여기서 중요한 점은 학습주제와 관련된 짧은 소재의 이야기여야 하며, 지도자는 제시된 이야기를 학습 주제와 관련하여 그 의미와 가치를 명료하게 부각시킬 수 있어야 하며, 학습자들이 관심과 흥미를 유발시킬 수 있도록 노력해야 한다.

| c. **말씀 듣기**(Hearing): **기도** |

말씀 듣기는 기독교 수도원 전통의 영성훈련에서 기도와 밀접한 관련이 있다. 영성신학의 분류에 따르면, 기도는 수덕기도에 해당되는 구송기도(vocal prayer), 묵상/명상(meditation), 그리고 신비기도에 해당되는 관상기도(contemplation) 등이 있다.[52] 기도(prayer)는 하나님의 뜻을 헤아리고 진리에 순종하기 위한 영성 교수방법으로서 구송기도는 물론이며 다양한 범주의 기도, 특히 묵상/명상과 관상은 중요한 실천적 방법이다. 하나님과의 관계에서 학습자가 드리는 구송기도는 일상적인 대화의 차원을, 묵상/명상은 인간의 이성과 감정, 의지를 중심으로 접근하는 수덕적 차원의 기도 훈련이며, 관상기도는 하나님께서 다가오시는 신비적 차원의 기도로 학습자의 영성형성에 있어서 하나님과의

51 고미영, **이야기 치료와 이야기의 세계** (서울: 청목출판사, 2004), 20.

52 Jordan Aumann, **영성신학**, 이홍근 역 (왜관: 분도출판사, 1987), 366.

일치(union with God)를 경험하도록 인도한다. 매조리 톰슨(Majorie J. Thompson)은 하나님과 의사소통하는 대화로서 기도를 듣기, 말하기, 중보기도를 강조하였다.[53]

영성교육에서 교수방법으로 기도는 자신과 타인, 인간과 인간 이외의 것, 보이는 것과 보이지 않는 것이 한데 얽혀 있는 저 광대한 생명 공동체 속으로 들어갈 수 있는 능력을 말한다.[54]

| d. 깨닫기(awakening): 렉티오 디비나 |

'깨닫기'는 영성교육에서 하나님의 말씀과 가르침에 가장 깊이 몰입하는 과정이다. 이때 학습자는 하나님의 말씀에 기초한 깨달음과 각성을 통해 하나님을 향한 삶의 자발적인 헌신과 실천적 삶으로 들어가게 된다. 말씀에 대한 깨달음과 각성을 가져오는 중요한 영성훈련의 방법이 바로 렉티오 디비나(Lectio divina)이다. 이는 그리스도인들로 하여금 하나님과 인격적으로 긴밀하게 대화하고 만나게 하는 방법이다.

구체적인 방법은, 첫째, 독서(lectio)이다. 이 단계는 성서에 모든 관심을 집중하여 주의 깊게 하나님의 말씀을 읽고 듣는 단계이다.[55] 둘째, 묵상(meditatio)이다. 묵상은 추리나 상상이 아니라 단순하고 순수한 마음으로 지속적으로 성서의 말씀을 되뇌는 것이다. 파코미오 규칙서를 따르는 수도자들은 한 순간도 성서의 말씀이 그들을 떠나지 않도록 노력했다. 그들은 일할 때도 성서의 어떤 구절을 중얼거리거나 암송의 형식으로 자기의 것이 되도록 계속 묵상했다.[56] 여기서 묵상의 초점은 말씀의 지성적인 이해보다는 말씀의 묵상, 곧 전인적 숙고를 통하여 말씀 안에 현존하는 참된 살아계신 주님과 동행하는 삶을 추구하는 교육적 방법으로 인식하는 것이다. 셋째, 기도(oratio)이다. 기도의 의미는 인간의 노력 대신 하나님께서 활동하시도록 우리의 마음을 열고, 성령의 인도하심을 구하는 적극적인 노력이다. 여기서 기도는 갈망하는 것의 경지에 자기 스스로는 도저히 도달할 수 없음을 알고 하나님의 초월적인 도움을 구하는 것이다.[57]

넷째, 관상(contemplatio)이다. 말씀을 독서함으로 시작한 렉티오 디비나는 묵상과 기

53 M. J. Thompson, **영성훈련의 이론과 실천**, 고진옥 역 (서울: 은성, 1996), 68-76.

54 Parker J. Palmer, 33.

55 박노권, **렉시오 디비나를 통한 영성훈련** (서울: 한들출판사, 2008), 25.

56 허성준, **렉시오 디비나** (왜관: 분도출판사, 2005), 123.

57 박노권, 36.

도를 거쳐 드디어 직접 하나님을 경험하는 단계에 이르게 된다. 여기서 성서 뒤에 계시는 분과의 달콤한 침묵의 교제를 즐기게 된다. 이것이 렉티오 디비나의 마지막 단계인 관상이다.[58] 렉티오 디비나는 하나님의 말씀을 마음으로 깨닫고 실천하기 위하여, 또한 기도하는 마음으로 성서를 읽는 영성교육의 교수방법이다.

| e. **나누기**(Sharing): **해석학적 성찰** |

나누기는 지도자와 학습자들이 새롭게 알고, 깨달은 내용들을 함께 나누면서 성찰하는 시간이다. 영성교육의 교수방법은 하나님의 창조된 세계 질서 안에서 지도자-학습자-학습주제 등 수업활동의 모든 주체들이 혼연일체가 되어 하나님의 진리에 순종하고, 실천적 삶으로 연결하고자 하는 것이 초점이다. 이런 관점에서 나누기의 과정은 학습자들이 알고, 깨달은 내용들이 과연 바르게 이해되고, 어떻게 구체적으로 실천될 수 있는지를 검토하는 평가(evaluation)가 이루어지는 시간이다.

| f. **살아가기**(doing): **실천** |

살아가기는 강의실에서의 수업이후 학습자의 실제적 삶의 상황이다. 지도자가 제시하는 영성교육의 교수-학습과정은 강의실에서의 수업상황 이후, 학습자의 삶의 상황들을 다시 수업의 현장으로 도입하여 앎과 삶의 조화와 일치를 재평가하고, 재검토 하는 것이다. 지도자와 학습자 모두가 하나님의 말씀을 알고, 깨달은 바대로 온전한 일치의 삶을 이룰 수 있는 것은 아니다. 그리스도인으로서 하나님의 말씀과 가르침에 따라 일치하는 온전한 삶을 추구하는 것은 지속적인 평생교육의 과정인 것이다.

4) 영성 교육 교수법 2 – 거룩한 상상

랜건(Janine Langan)은 "상상력보다 더 근본적인 것은 없다. 상상력에 대한 존경이 사라지면 결국 종교적 무관심으로 나타난다"라고 주장한다. 그는 계속 주장하기를 상상력은 우리가 세상에 참여하는 가장 기본적인 방식으로서 깊은 종교적 함의를 갖는다고 본다. 하나님을 사유하고 세상에 참여하는 가장 기본적인 방식으로서의 창조적 상

58 **같은 글**, 38.

상력은 곧 그 주체의 창조성이며 진정성이다. 기독교에 있어서 상상력이란 창조주 하나님의 창조행위로서 주어진 자유의 영역이다. 아담이 하나님의 형상(image-imagination)이었고, 성육신은 가시적 하나님의 이미지로서의 그리스도를 보여주는 것이다. 그래서 상상력은 신학에 있어서 중요한 계기를 마련한다. 이것이 없이는 세계의 인식도 불가능하다. 따라서 그 상상의 능력이 건강하게 유지되는 것은 매우 중요한 종교적 요청이다.

상상력을 동원한 성경 읽기는 일대일 영성 교육 교수법 중 하나가 될 수 있다. 거룩한 독서가 학습자들에게 어려울 수 있다면 '거룩한 상상' 교수법은 그보다 조금 가볍고 쉽게 성경 속으로 학습자들을 초대하는 교수법이다. 사례로 설명하기 위한 본문은 열두 해 혈루증을 앓는 여인 이야기가 나오는 누가복음 8장 41절-48절까지의 본문이다.

성경본문 누가복음 8 : 41-48

열두 해 혈루증 앓는 여인과 예수님

1단계. 준비

① 편안한 마음으로 조용히 1-2분간 앉아 있는다.

② 깊이 심호흡을 한다.

③ 하루 동안 있었던 걱정, 근심거리들을 떨쳐 버린다.

④ 내 안에 거주하고 계시는 성령님께로 관심을 집중한다.

2단계. 성경과 만나기

41. 이에 회당장인 야이로라 하는 사람이 와서 예수의 발 아래에 엎드려 자
기 집에 오시기를 간구하니
42. 이는 자기에게 열두 살 된 외딸이 있어 죽어감이러라 예수께서 가실 때
에 무리가 밀려들더라
43. 이에 열두 해를 혈루증으로 앓는 중에 아무에게도 고침을 받지 못하던 여

자가
44. 예수의 뒤로 와서 그의 옷 가에 손을 대니 혈루증이 즉시 그쳤더라
45. 예수께서 이르시되 내게 손을 댄 자가 누구냐 하시니 다 아니라 할 때에
베드로가 이르되 주여 무리가 밀려들어 미나이다
46. 예수께서 이르시되 내게 손을 댄 자가 있도다 이는 내게서 능력이 나간
줄 앎이로다 하신대
47. 여자가 스스로 숨기지 못할 줄 알고 떨며 나아와 엎드리어 그 손 댄 이
유와 곧 나은 것을 모든 사람 앞에서 말하니
48. 예수께서 이르시되 딸아 네 믿음이 너를 구원하였으니 평안히 가라 하
시더라

3단계. 거룩한 상상

① 혈루증을 앓는 여인이 예수님을 만난 것과 같은 만남이 당신에게도 있었는지 돌아보라

② 상상 속에서 당신이 자주 가는 곳을 그려 보라(집, 학교, 교회, 카페 등 자주 들르는 곳이면 어떤 곳이든 좋다)

③ 혈루증 앓는 여인이 길에서 무리를 헤치고 나가 예수님을 만난 것처럼, 그 장소에서 벌어지고 있는 일을 바라보는 자신을 상상해 보라

- 그 상상 속에 등장하는 인물은 누구인가?
- 그들은 무엇을 하고 있고 무슨 이야기를 나누고 있는가?

④ 예수님이 그 장면에서 들어오시는 것을 그려 보라. 예수님은 무슨 일을 하시고 무슨 말씀을 하시는가?

⑤ 지금 그 장면 속에서 벌어지고 있는 일에 대해 예수님께 여쭤보고 싶은 것이 있는가? 예수님이 뭐라고 말씀하시는가?

⑥ 주변 사람들이 예수님과 당신의 대화에 대해 어떤 반응을 보이는가?

⑦ 만일 예수님이, 혈루증 여인에게 그러하신 것처럼 오늘 당신의 삶 속에도 개입하기를 원하신다고 말씀하시면 당신을 그분을 어떻게 만나게 될 거라고 생각하는가?

5. 나오는 말

오늘날 기독교대학은 미증유(未曾有)의 위기를 경험하고 있다. 기독교적 정체성 상실이라는 내적 위기가 최근의 학령인구감소와 대학구조 개혁에 따른 외적 위기와 맞물려, 이중적 어려움에 직면한 것이다. 기독교대학은 위기의 시대에 "생존하느냐 생존하지 못하느냐"라는 패배주의적이고 부정적인 고민이 아니라 "차별성 있는 교육을 어떻게 할 것인가" 라는 적극적이고 창조적인 고민을 해야 한다. 차별성 있는 기독교적 교육이 기독교대학의 수월성을 낳고, 이것이 기독교대학의 생존은 물론 지속가능한 발전의 토대가 되기 때문이다. 오늘과 같은 인성교육의 부재와 인간성 상실과 공동체성 해체의 시대에는 기독교대학이 기독교적 인성교육을 통해 건전한 인격과 도덕성과 사회책임성을 함양하여 국가와 사회에 기여하는 유능한 인재를 양성하는 것이 무엇보다도 중요하다. 근대화 시대에 한국의 근대교육과 고등교육의 발전을 이끌었던 기독교대학이, 오늘의 후기 근대 사회에서는 생명의 가치와 공동체성을 회복하는 인성교육의 발전을 이끌어 가야 한다.

하나님 나라의 성육신적 영성교육은 하나님 나라의 진리와 가치가 지정의를 아우르는 통전적 진리가 되게 하고, 하나님과의 올바른 관계 속에서 자아정체감과 공동체성을 기르고, 이웃과 지역사회와 세계와 연대하여 공동체적 배움과 소통과 실천을 통해 하나님 나라의 샬롬의 가치인 정의와 사랑과 평화를 글로컬 사회에 실현하는 공동체적, 관계적, 실천적 인성교육을 지향한다. 기독교대학은 교과과정과 비교과활동을 종합적으로 체계적으로 활용하여 학생 개개인이 신앙과 실력을 갖춘 교수들의 헌신과 돌봄 속에서 기독교적 영향력과 기독교적 교육내용으로 감화를 받아서 세계와 사회와 교회를 위해 봉사하는 지도자로 성장할 수 있도록 최선의 노력을 기울여야 한다. 이것이 기독교대학에게 주어진 시대적 사명이고 기독교대학이 수행해야 할 본연의 교육선교이다.

남을 가르친다는 것은 두렵고 떨리는 일이다. 더욱이 영성에 대한 교육적 도모를 한다는 것은 더욱 그렇다. 깊은 영성을 갖춘 교사가 된다는 것 자체가 쉬운 일이 아니며 그런 경지에 쉽게 도달할 수 있는 것도 아니기 때문이다. "너희는 가능하면 많이 선생이 되지 말라. 왜냐하면 선생은 더 큰 심판을 받을 수 있기 때문이다"라고 신약성경 기자 중의 하나인 야고보서는 경고하고 있다. 실로 교사가 된다는 것은 위험한 일이다. 그러므로 교사는 진리와 피교육자 앞에서 겸손해야 한다. 팔머(Palmer)가 말한 것처럼 "겸손은 타자가 말할 수 있는 공간을 창조할 뿐 아니라, 우리로 하여금 그 타자에게 순종하게 한다."[59] 겸손과 더불어 자신이 확신에 거할 수 있는 믿음도 소유한 교사가 되어야 한다. 그래서 진정 자신이 믿는 믿음을 고백(profess)할 수 있는 교사(교수)가 되어야 한다고 팔머는 말하였다.[60] 기도와 학문과 침묵 속에서 하나님이 우리를 아시듯 우리도 자신이 누구이며 무엇을 할 수 있는 존재인 줄 알게 될 때 자신의 온전한 영성이 형성되어가는 교사가 될 때 비로소 맡겨진 가르침의 직분을 수행할 수 있게 된다. 오늘처럼 변화무쌍한 세태 속에서 많은 사람들은 마치 급행열차를 타고 여행을 하면서 밖을 보지만 아무것도 볼 수 없어서 늘 불안에 떨면서 아무에게도 지금 어디로 가고 있느냐고 물어볼 친구도 없는 형편에 처해 있는 것 같다. 어느 때보다도 삶의 진정한 의미를 목마르게 찾고 있는 포스트모던 사람들에게 기독교 영성교육은 함께 진리를 탐구하며 온전한 인간성을 회복하게 하는 중요한 대안이 될 것이다. 결코 피상적인 감성주의에만 빠져 있지 않고 지식 탐구를 적절히 조화시키고, 자기중심적 삶에서 벗어나 이웃을 기도의 초점으로 삼고 최선을 다하는 삶을 추구하게 하며, 각 개인에게 본래 주어진 성향을 잘 연구하여 가장 적합한 영성교육의 방법을 취한다면 그동안 잃어버렸던 온전하고 통전적인 인간성 회복을 달성할 수 있을 것으로 기대한다.

59 Parker J. Palmer, **가르침과 배움의 영성**, 이종태 역 (서울: IVP, 2000), 157.

60 **같은 글,** 160-162.

3. 기독교 인성교육 - 기독교 윤리

1. 들어가는 말

인성교육은 좋은 의미에서건 나쁜 의미에서건 우리 시대의 화두이다. 인성교육의 당위성을 강변하는 시각이 주류이지만, 그 반대로 인성교육에 대해서 비판적으로 바라보는 시각도 존재한다. 인성교육의 당위성을 얘기하든 그 폭력성을 염려하든 인성교육은 우리 시대의 중요한 논의주제이다. 그러나 인성에 대한 논의는 비단 우리 시대만의 문제나 이슈는 아니었다. 인류의 오랜 역사 동안에 끊임없이 논의되었고 인류의 역사 기록에는 인성에 대한 염려가 지속적으로 드러난다. 멀리 수메르의 점토판으로부터, 그리스의 소크라테스, 중국 전국 시대의 한비자, 조선시대의 율곡 이이 등도 젊은 세대의 인성 부족을 염려하며 그 교육을 강조했다. 인간이 함께 만들어가는 사회에는 인성에 대한 논의가 빠질 수 없다. 그리고 그 인성교육은 우리 시대에 더욱 강조되고 있다.

왜 우리 시대에 특별히 인성이 더 강조되고 있는가? 가장 간략한 답변은 사람 중심의 사회로 진행되어오던 인류 문명이 사람을 필요로 하지 않은 문명으로 전환하고 있고, 그 전환점에서 인간을 인간으로 대접하지 않는 행태가 이전보다 더 심각한 위협으로 다가오기 때문이다. 인류는 증가되는 생산성을 바탕으로 문명을 발전시켜왔다. 그 생산성은 안타깝게도 인간취급을 받지 못하던 노예들의 노동에 바탕을 두었다. 노예들은 인간취급을 받지 못했지만, 자유인들은 인간으로서의 대접을 받아왔다. 인권에 대한 의식이 증가하면서 마침내 인류 역사에서 노예해방을 경험하고 오랜 시간이 걸렸지만 호모 사피엔스는 피부색과 언어와 무관하게 모두 인간으로 인정받게 되었다. 이제서야 모든 인간은 인간 대접을 받을 수 있고 또한 받아야 하는 시대가 되었는데, 인공지능과 과학기술의 발달로 인간이 필요 없는 시대로 진입하고 있다. 노동에서 인간이 배제되면서 문제가 심각하게 대두된다. 인간으로 존중을 받아야 할 각 개인들이 자신의 존재 기반이 되었던 노동에서 배제되면서 잉여인간으로 전락할 위기에 처했기 때문이다. 잉여인간은 이전 역사에서 노예처럼 인간취급을 받지 못할 가능성이 높고, 이런 상황에서 인성의 부족이나 인간에 대한 배려가 없는 현실은 다수의 인간 없이 돌아갈 미래 생산시스템의 두려움과 맞물려 인간 문명에 대한 근본적인 질문을 던지게 된다. 인성은 강조될 수밖에 없는 시점이다.

다양한 인성교육의 방법 중에 기독교 윤리적 인성교육은 어떤 것일까? 기독교 윤리적 인성교육은 기독교 인성교육에 바탕을 두기 때문에 기독교 윤리적 인성교육을 논하기에 앞서 기독교 인성교육의 논의가 필요하다. 기독교 인성교육은 유교, 불교, 도교, 이슬람 등 다양한 종교 전통과는 다른 기독교 신앙과 가치에 바탕을 둔다. 물론 기독교 안에서도 다양한 전통들이 존재한다. 그 다양한 전통의 풍부한 유산과 해석의 중요성에도 불구하고 기독교는 하나의 중요한 준거점이 존재하는데, 그것은 기독교 인간론이다. 기독교에서는 인간을 하나님의 형상으로 설명한다. 인간은 신의 형상을 지닌 존재이다. 신의 형상을 지닌 인간은 신적인 특성을 갖도록 요청받는다. 기독교의 신은 성육신과 삼위일체로 설명된다. 초월적 존재이지만 인간이 되신 성육신의 예수 그리스도와 셋이면서 동시에 하나인 삼위일체로 존재하시는 성부, 성자, 성령을 닮도록 요청된다. 성육신하신 예수 그리스도는 인간이 갖는 초월적 특성에 대한 환기이다. 인간은 육체만을 가진 존재가 아니라 다른 존재와 비교 불가능한 초월성을 갖고 있기 때문에 자신의 존재의 중요성과 더불어, 공존하는 타자 혹은 타자들의 중요성을 전해준다. 삼위일체로 존재하는 성부, 성자, 성령은 인간이 다른 인간들과 구성하는 관계에서도 삼위일체의 상호소통하는 관계를 만들 것을 요청한다. 또한 하나이면서 셋, 셋이면서 하나인 삼위일체처럼 인간의 개체성도 공동체성과 분리될 수 없으며, 개체성과 공동체성은 함께 고려해야 하는 인간의 본질적 특성임을 분명하게 알려준다. 성육신과 삼위일체에 바탕을 둔 기독교적 인성교육은 자신에 대한 근원적 자기 긍정, 타자에 대한 절대적 돌봄, 그리고 건강한 공동체 형성을 지향한다.

기독교 윤리적 인성교육도 기독교의 인성교육이 지향하는 자기 긍정, 타자 돌봄, 건강한 공동체 형성을 원칙으로 한다. 그 원칙하에 구체적인 기독교 윤리의 인성교육의 모델로 비폭력 대화를 살펴볼 것이다. 대화는 관계에서 가장 기초적인 소통 방식이다. 그 대화가 폭력적으로 진행될 때에는 자기 부정, 타자 배제, 공동체 해체의 길을 걷게 된다. 반대로 그 대화가 비폭력적으로 이뤄질 때는, 자기 긍정, 타자 돌봄, 건강한 공동체 형성에 도움이 된다.

2. 선행연구

기독교 정신과 가치를 바탕으로 한 인성교육에 관한 중요한 연구들이 있다. 다양한 선행연구들 중에서 기독교 인성교육의 지향점과 구체적 방안에 대해 집중적으로 살펴보며 기독교 윤리적 인성교육의 방법을 고찰해 볼 것이다. 우선 이은성은 교양과목을 통해서 기독교 인성교육의 방법을 탐색한다.[61] 그는 기독교 대학이 "기독교적 가치관에 따라 국가와 사회, 세계에 봉사하는 지도자를 양성"하고 이 목적을 위해서 인성교육을 하는 것이 기독교 대학이 자신의 정체성을 드러내면서 인류에 기여할 수 있는 방법이라고 본다.[62] 기독교 인성교육의 특징은 인지적인 차원에 한정되는 것이 아니라, "관계적, 참여적, 실천적 지식"을 습득하고 훈련하는 것이어야 함을 강조한다.[63] 이은성은 효율적인 인성교육을 위해서 체험과 실천이 중심이 된 교육이 적합하다고 보며, 봉사-학습으로 설계되어 현장 중심의 경험을 통한 학습을 하고, 상호작용과 협력을 배우며, 스스로 성찰하고 전문가를 통해 피드백을 받는 교육이 필요하며, 융합이 중요시되기 때문에 융합형 교과목을 개발하여 학생들을 교육해야 한다고 주장한다.[64] 이은성이 강조한 실천과 참여는 인성교육에 있어서, 특별히 기독교 윤리적인 접근 방법에 있어서 중요한 점이다. 실천과 참여 없이 인식론적 차원에서 머무는 인성교육은 그 이론적 토대로서의 중요성에도 불구하고 인성교육에 있어서 심각한 걸림돌이다. 인성교육은 실천과 참여가 구체화된 형태로 제시되어야 한다.

신승범은 기독교 인성 개념을 도출하고 그 바탕하에 기독교 인성교육의 방향성을 제언하려고 시도한다.[65] 그는 기독교 인성교육의 대상을 "중생을 체험한 성도 즉, 중생 이후 성화의 과정을 경험하고 있는 모든 성도"라고 보며, 기독교 인성교육의 목표는 그

61 이은성, "교양과목을 통한 기독교대학 인성교육의 전략적 운영 방안 탐색," **기독교교육논총** 51 (2017): 101-24.

62 **같은 글**, 109.

63 **같은 글**, 111

64 **같은 글**, 115-19.

65 신승범, 521-43.

리스도를 닮아가는 것으로 규정한다.[66] 신승범의 논의에서 논란의 여지가 있는 부분은 기독교 인성교육의 대상을 "중생을 체험한 성도"로 한정 짓는 데 있다. 그의 대상규정에 의하면 기독교 인성교육은 그리스도인들을 대상으로 할 수 있지만, 그리스도를 모르거나 아니면 그리스도를 거부하는 이들에게는 인성교육을 할 수 없는 한계에 맞닥뜨리게 된다. 이 한계는 다수의 비종교인과 타종교인을 대상으로 교육을 하고 있는 기독교 대학들에게는 심각한 걸림돌이 된다. 그의 규정을 따르자면, 타종교인과 비종교인을 대상으로 기독교 인성교육을 할 때는 두 가지 방법 중 하나를 선택해야 한다. 하나는 기독교 인성교육 대상인 비종교인과 타종교인을 기독교로 개종시키는 방법이고, 다른 하나는 비종교인과 타종교인을 배제하고 기독교인만을 대상으로 삼는 방법이다. 두 가지 방법 모두 현재 기독교 대학들이 한국사회에서 처한 현실에서는 적합한 방법이 될 수 없다. 전자는 강압적인 선교방식을 선택해야 하기 때문이고, 후자는 교육 대상에서 비종교인과 타종교인을 배제시킴으로써 기독교가 스스로의 운신의 폭을 좁히는 문제와 기독교를 소개할 기회마저 스스로 박탈하기 때문이다. 현재 한국의 기독교 대학들이 처한 상황과 포괄적인 선교를 고려한다면 기독교 인성교육의 대상을 "중생을 체험한 성도"로 한정하는 주장은 재고가 필요하다. 적어도 그 대상에 있어서 비종교인과 타종교인들이 포함되는 방향을 설정해야 할 것이다.

기독교 인성교육의 대상을 보다 포괄적으로 확대해야 할 근거는 성서에서 찾아볼 수 있다. 신약성서 마가복음 9장 38-41절은 신앙과 행위 혹은 명시적 제자와 익명적 제자의 관계를 설명한다.

> 요한이 예수께 말하였다. '선생님, 어떤 사람이 선생님의 이름으로 귀신들을 쫓아내는 것을 우리가 보았습니다. 그런데 그 사람은 우리를 따르는 사람이 아니므로, 우리는 그가 그런 일을 하지 못하게 막았습니다.' 그러나 예수께서는 이렇게 말씀하셨다. '막지 말아라. 내 이름으로 기적을 행하고 나서 쉬이 나를 욕할 사람은 아무도 없기 때문이다. 우리를 반대하지 않는 사람은 우리를 지지하는 사람이다. 내가 진정으로 너희에게 말한다. 너희가 그리스도의 사람이라고 해서 너희에게 물 한 잔이라도 주는 사람은, 절대로 자기가 받을 상을 잃지 않을 것이다.

66 **같은 글**, 530.

이 구절에서 예수는 예수를 따르는 자가 아닐지라도 예수를 반대하지 않는 사람을 지지하는 사람으로 간주하며 포용적인 자세로 그들을 대하도록 제자들을 가르친다. 반대하지 않는 이들을 지지하는 이들로 규정하는 일은 익명적인 제자의 가능성을 분명하게 제시한다. 심지어 예수는 그들이 예수를 따르지 않더라도 자신들이 받을 상이 있음을 암시한다. 기독교 선교가 아닌 기독교 인성교육에 있어서도 대상 선정에 있어서 포용성은 중요하다. 그 이유는 타자에 대해 열린 자세를 가져야 하는 인성교육의 내용과도 밀접하게 관련되기 때문이고, 바로 그 맥락에서 교육대상의 포용성은 기독교 인성교육을 규정하는 데 핵심적인 사안이다. 이 점에서 기독교 인성교육의 대상은 "중생을 체험한 성도"라고 규정짓기보다는 익명적 제자들 혹은 익명적 그리스도인으로 설정하는 것이 한국의 상황과 기독교대학의 인성교육의 현장에 더 적합하다.

신승범은 기독교 인성교육의 핵심 덕목으로 성령의 아홉 가지 열매와 제자들이 가져야 할 삶의 원리와 윤리를 제시한다.[67] 성령의 아홉 가지 열매는 사랑, 희락, 화평, 오래참음, 자비, 양선, 충성, 온유, 절제이며, 제자들의 삶의 원리와 윤리는 "심령이 가난한 자, 애통하는 자, 온유한 자, 의에 주리고 목마른 자, 긍휼히 여기는 자, 마음이 청결한 자, 화평케 하는 자, 의를 위하여 핍박을 받는 자"가 되는 것이다. 그는 기독교적 인성교육에서 "행동을 바꾸는 교육"보다 "존재를 바꾸는 교육"을 강조한다.[68] "존재를 바꾸는 교육"은 기독교 교육에서 분명 중요하고 핵심적인 사안이다. 행동을 바꾸는 일은 표층적인 차원에서 이뤄지는 교육이라고 한다면 존재를 바꾸는 일은 심층적인 차원에서 진행되는 교육이기 때문이다. 그러나 존재의 변화가 기독교 교육에서 중요함에도 불구하고, 기독교 인성교육에서 어떤 의미를 갖는지, 실제로 어떤 가능성을 제시할 수 있는지에 대해서는 심도 깊은 논의가 필요하다.

존재의 변화 차원에서 기독교 인성교육을 논하는 데 있어서 중요한 현실적 문제 중에 하나는 현재 기독교계와 기독교 지도자들의 탐욕과 권력욕 때문에 기독교 전체가 사회의 지탄의 대상이 되고 있다는 것이다. 중생을 통한 존재의 변화를 생각한다면 현재 기독교 지도자들의 퇴폐적인 행태와 권력욕은 설명이 어려운 혹은 불가능한 현상이다. 기독교 지도자들의 타락은 두 가지를 의미할 수 있다. 하나는 그들이 중생을 받았지

67 **같은 글**, 532-34.

68 **같은 글**, 534.

만 존재의 변화를 경험하지 못했다는 뜻이다. 중생의 체험에도 불구하고 존재의 고양이 아닌 존재의 타락으로 진행된다는 것은 중생의 영향력이 존재의 변화에 미치지 못한다는 뜻이다. 만약 중생의 영향력이 이렇게 제한된다면 기독교 인성교육이 중생과 존재의 변화를 목표로 할 이유가 없다. 다른 하나는 타락한 지도자들이 중생의 경험을 하지 못했다는 의미일 수 있다. 이 주장을 받아들인다면 중생을 통한 존재의 변화를 유지하고 보존할 수 있지만, 기독교는 중생하지 못한 지도자에 의해 지도를 받은 격이 된다. 소경이 소경을 인도하듯 기독교를 제대로 알지 못하는 사람이 기독교를 지도한 셈이 된다. 어느 쪽의 의미로 받아들이든 둘 다 기독교 인성교육의 분명한 한계를 드러낸다. 중생을 통한 존재의 변화는 기독교의 중요한 가르침이지만 존재의 변화가 곧 완벽한 기독교신자 혹은 윤리적으로 칭송받을 만한 기독교인들의 형성을 의미하지는 않는다. 이 점에서 기독교 인성교육은 중생과 존재의 변화가 일어나면 인성의 문제가 해결된다는 틀을 넘어설 필요가 있다.

중생과 존재의 변화의 측면에서 본 기독교 인성교육의 근원적 어려움은 기독교윤리적 접근을 통해 심도 깊게 논의되어야 할 내용이다. 존재의 변화는 행동의 변화로 연결되어야 하지만, 그것이 인간에게 있어서 일회적인 사건이기는 어렵다. 인성은 한 순간에 획득되는 것이 아니라 계속되는 훈련과 교육을 통해서 갖추게 된다. 중생을 통한 존재의 변화로 기독교적 인성교육을 이해할 때에도 그 과정과 훈련은 필수불가결하다는 점을 기억해야 한다.

중생을 통한 존재의 변화는 기독교의 중요한 가르침이지만, 기독교 인성교육은 한국의 기독교 교육기관이 처한 현실에서 분리해서 이해해야 한다. 비기독교인이나 타종교인이 중생 체험을 해서 기독교적 존재로 거듭나는 것은 기독교 교육기관에서 가질 수 있는 최상의 시나리오이다. 그리고 이 선교전략은 기독교대학이 존재하는 중요한 근거이기도 하다. 그러나 현실적으로 다종교 상황인 한국사회에서 기독교 대학들이 일방적인 개종을 목표로 교육을 진행하기는 불가능하다. 이 점은 각 기독교 대학교가 표방하고 있는 건학이념이나 교육이념에서도 발견할 수 있다.

<표1> 기독교 대학별 건학이념 및 교육이념[69]

대학	건학 이념과 교육 이념
계명대학교	계명대학교는 기독교 정신과 대한민국의 교육 정신에 입각하여 교육의 전인성 고취와 전문성 확립, 학문의 탁월성 추구와 윤리성 앙양을 교육목적으로 하며, 진리를 탐구하는 창의적 전문가, 정의를 구현하는 윤리적 지성인, 사랑을 실천하는 전인적 지도자 육성을 교육목표로 한다.
나사렛대학교	나사렛 대학교는 대한민국의 교육이념과 기독교정신에 의거하여 국가와 인류사회에 봉사하는 지도자를 양성하고 대한 기독교나사렛성결회 교역자 양성을 위하여 고등교육 · 유아교육 및 국민생활의 기초교육과 종교교육을 실시하고 국민의 복지증진을 위한 사업을 시행함을 목적으로 한다.
명지대학교	명지대학교는 명지학원의 설립정신을 구현하기 위하여 교파를 초월한 순수 복음주의 "기독교 정신에 입각한 사랑·진리·봉사"를 대학이념으로 제정하였다. 다시 말해 기독교의 사랑으로 교육하며 진리를 탐구하고 인류를 위하여 봉사하는 것이 "지식과 지혜를 밝혀 가르친다"라는 뜻의 "明知"의 대학이념을 실천하는 것이다.
백석대학교	백석대학교의 건학이념은 '기독교정신과 대한민국의 교육이념을 바탕으로 진리·사랑·봉사정신에 따라 국가와 인류사회에 공헌하는 지도자 양성'을 구현하는 것이다.
서울여자대학교	서울여자대학교는 민주국가 건설 초기에 투철한 도의 정신과 탁월한 기술적 능력을 겸비한 지도자를 필요로 하는 시대적 요구에 부응하여 기독교 정신에 기초를 둔 지식교육, 도의교육 및 기술교육을 균형있게 실시함으로써 사회와 농촌의 개척자로서 봉사하고 더 나아가 인류의 행복에 기여할 수 있는 지·덕·술을 갖춘 여성지도자를 양성하기 위하여 설립하였다.
성공회대학교	성공회대의 교육이념은 '열림·나눔·섬김' 입니다. 열림이란 나와 나 자신이 속한 단체가 가족주의의 이기심을 버리고 이웃과 사회와 소통함으로써 평화를 이루는 것입니다. 나눔이란 내가 소유하고 있는 물질만이 아니라 재능까지 포함하여 모든 것을 이웃과 공유하는 봉사의 실천을 통해 공의로운 사회를 형성하는 것입니다. 섬김이란 하느님을 섬기고 내 이웃을 사랑으로 섬김으로써 서로 존중하는 사회를 이룩하는 것입니다.
성결대학교	성결대학교는 기독교 정신을 바탕으로 '전인적인 하나님의 사람을 양성'하는 것을 대학 이념으로 한다.

69 기독교 대학별 건학 이념 및 교육 이념은 각 학교의 홈페이지를 참조하였다.

숭실대학교	숭실대학교는 기독교정신과 민주교육의 근본이념에 입각하여 심오한 학술적 이론과 그 응용방법을 가르쳐 인류의 번영과 국가·사회 및 교회에 봉사할 지도자적 인재양성을 교육목적으로 한다.
연세대학교	연세대학교는 기독교의 가르침을 바탕으로 진리와 자유의 정신에 따라 사회에 이바지할 지도자를 기르는 배움터이다. 연세인은 겨레와 인류의 문화유산을 이어받고 창의력과 비판력을 길러 학문의 발전을 이끌어간다. 또한 정의감과 기백을 드높이고 열린 마음으로 이웃을 위해 봉사하며, 인류의 번영에 이바지한다. 우리 연세인은 이러한 사명을 깊이 새겨 세계 속에 자랑스러운 연세 정신을 구현하기 위해 지도적 역량을 힘껏 발휘한다.
이화여자대학교	이화여자대학교는 대한민국의 교육이념과 기독교정신을 바탕으로 하여 학술의 깊은 이론과 그 방범하고 정밀한 응용방법을 교수·연구하며, 인격을 도야하여 국가와 인류사회의 발전에 공헌할 수 있는 지도여성을 양성함을 목적으로 한다.
전주대학교	기독교정신에 입각한 영성·인성·지성의 전인교육을 바탕으로 학문과 교육의 실용화를 통해 사회적 가치를 창출하는 창의적 실용인재양성을 목적으로 한다.
한남대학교	기독교 원리하에 대한민국의 교육이념에 따라 과학과 문화의 심오한 진리탐구와 더불어 인간 영혼의 가치를 추구 하는 고등교육을 이수시켜 국가와 사회와 교회에 봉사할 수 있는 유능한 지도자를 배출함을 목적으로 한다.

<표1>에서 볼 수 있듯이 기독교대학들은 건학 이념과 교육 목표를 통해 기독교로의 개종보다는 기독교 정신에 기반한 인재 양성에 초점을 두고 있다. 기독교 인성교육 또한 각 기독교대학들의 건학 이념과 교육 목표를 중심으로 계획되고 진행되어야 한다. 건학 이념과 교육목표에 근거한 기독교 인성교육은 중생보다는 기독교적인 가치와 정신을 중심으로 전개되어야 한다. 기독교적 가치와 정신에 기반을 둔 기독교 인성교육은 사회에서 통용되는 인성교육과 공명할 수 있고, 그 공명의 토대 위에서 기독교적인 독특성을 제시할 수 있을 것이다.

신승범은 기독교적 인성교육에서 바울과 그리스도를 예를 들며 모델링과 멘토링을 강조하고 있고, 습관을 형성하는 프로그램이 인성형성에 크게 기여할 것으로 본다.[70] 모델링과 멘토링, 그리고 습관을 갖도록 하는 훈련은 신승범의 지적대로 인성교육에 있어서

70 **같은 글**, 537-38.

중요한 부분이다. 추상적인 인성개념들, 예를 들면 믿음, 소망, 사랑과 같은 개념들은 그 추상적 개념을 구체적으로 실현한 사람들을 통해서 더 이해하기 쉽고 또 습득하기도 쉽다. 인성의 행동과 습관적 특성을 고려할 때, 모델링과 멘토링, 그리고 습관 형성은 중요한 방법이다.

허도화는 복음적 인성교육의 틀을 제시하는 데 있어서 신앙과 학문의 통합이 얼마나 중요한지를 강조하며 기독교대학이 제시할 수 있는 인성교육의 한 모델을 제시한다.[71] 그는 복음적 인성교육의 목적으로 세 가지를 제시한다. 첫째는 "기독교대학의 교육적 사명인 신앙과 학문의 통합"이고, 둘째는 "기독교적 성품과 가치관을 지닌 지도자 양성"이고, 셋째는 "신앙과 학문의 대화가 가능한 신학 전공 교수들에 의해서" 이뤄져야 하고 단계적 트랙 시스템을 통한 인성교육의 결과로 드러나는 인성의 변화이다.[72]

그가 진행하는 인성교육 교과목은 "예배와 찬양"이다. 복음적 인성과목인 "예배와 찬양"의 구체적 교육계획은 다음과 같다.

<표2> 복음적 인성교육과목의 예[73]

목표	1) 건강한 (기독교) 정체성확립을 통한 자아실현 2) (신앙) 공동체를 통한 시민의식 함양
필요성	대학은 학생에게 단순한 정보와 취업을 위한 장소보다는 미래를 살아갈 수 있는 지혜와 문제해결 능력, 재능과 꿈과 희망을 이룰 수 있는 자신감, 그리고 함께 함의 소중함을 가지도록 인성을 강화하는 교육활동이 필요하다.
내용	1) 인성교육 대상자들의 배경 (1) 성적 위주의 교육 풍토에서 성장하여 대학에 진학한 대학생들은 인간관계 형성과 대학 생활 적응에 어려움을 경험하고 있다. (2) 대학생들은 인간관계와 학교적응의 스트레스에 어떻게 대처하며 해결해야 하는지 자신의 감정을 어떻게 표현해야 하는지 알지 못해 많은 어려움을 겪는다.

71 허도화, "신앙과 학문의 통합을 위한 복음적 인성교육: 기독교대학의 인성교육을 위한 새로운 패러다임," **신학사상** 173 (2016): 235-66.

72 **같은 글**, 256-58.

73 **같은 글**, 258-60.

내용	

(3) 이 어려움은 대학생활에 소극적 태도, 학과에 소속감 저하, 낮은 학업 성취와 질적 저하를 초래하고, 나아가 중도탈락위기와 직장생활에 적응하지 못하는 악순환을 초래하고 있다.

2) 인성교육의 내용

인성교육의 내용은 크게 두 축으로 구성된다. 자아실현과 시민의식 함양으로 구성된다. 자아실현은 인생가치와 정체성 함양으로 나눠진다. 시민의식은 인간관계와 협동과 상호존중의 영역으로 세분화할 수 있다.

	자아실현		시민의식 함양		비고(성품)
	인생가치(꿈)	(기독교)정체성	인간관계	협동과 상호존중	성실
1	자기이해	하나님만의 성품	긍정적 사고	관계를 통해 도움	정의
2	자기정서탐색	인간의 성품	정서적 소속감	기본예의범절	예절
3	자기선택과 책임	믿음	정서적 안정감	공존적 존재인식	협동
4	가치관 명료화	창조	자아가치생각	학교생활적응력	절제
5	자기소개	죄	자기존중감	의사소통기술	정직
6	자기표현	구원	자기모습	자기관리능력	사고의유연성
7	타인이해	예수	자기효능감	충동자제	준법
8	꿈 도식	교회	정서적 울타리를 넘어	사회적 유능감	타인존중
9	교회에서 일	다름	정서적 개방	타인배려	타문화이해
10	선교와 직업	이단	정서적 감수성	인류 전체의 이익	인류애

3) 인성교육의 과정

이러한 교육내용의 주제들을 매주 수요일 기독교학과 전학생들이 모여서 실현할 수 있다. 구체적 일정은 아래의 표와 같다.

	내용	시간	비고
사전미팅		주중	팀모임
당일	찬양	11:55-12:10	담당 팀
	기도	12:10-12:20	담당 팀
	말씀(강의)	12:20-12:35	외부초청, 교수진
	나눔	12:35-12:55	식탁공동체
봉사와 나눔		6월6일, 10월9일	전체활동

4) 인성교육의 특징

(1) 인성형성: 좋은 인성 형성은 학생 스스로도 노력하고 연습하는 시간이 필요하나 혼자서 훈련하기에는 어렵기 때문에 대학 내의 공동체에서 도움을 받는다.

내용	(2) 시민성: 대학생들은 자신의 정체감을 확립하고, 건전하고 조화로운 인성을 형성함으로써 양식 있는 행동을 할 수 있는 유능한 시민으로 양육될 수 있다. (3) 자발성: 진행은 매주 1팀이 모든 일정을 기획, 사전준비, 진행 등을 총괄한다. 전체 5개 팀으로 구성되며, 각 팀은 7-8명의 학생으로 구성된다. (4) 창의성: 학생들은 제기된 주제를 참여하는 학생들이 정서적[으로] 느끼고, 적극적으로 참여하고, 질적인 변화를 추구하기 위해 창의성이 요구된다. (5) 협력성: 각 팀의 구성원들은 창의적[으로] 기획하고, 효과적으로 진행하기 위해, 구성원들 각자의 역할을 인지하고, 공동의 목표를 향해 증진함으로 인간관계협동심이 강화된다.

허도화가 제시하는 예배와 찬양 과목은 신앙과 학문을 통합하고 기독교적 성품과 가치관을 지닌 지도자를 양성하고, 지속적인 인성교육을 하는 복음적 인성교과목의 목적에 부합한다. 교과목 목표에서 표현된 "건강한 (기독교) 정체성 확립을 통한 자아실현"과 "(신앙)공동체를 통한 시민의식 함양"은 비기독교인들에는 "건강한 정체성 확립을 통한 자아실현"과 "공동체를 통한 시민의식 함양"으로 기독교인들에게는 "건강한 기독교 정체성 확립을 통한 자아실현"과 "신앙공동체를 통한 시민의식 함양"으로 읽히며 비기독교인과 기독교인 모두에게 적합한 교육목적이 된다. 그러나 아쉬운 점이 있다면 "예배와 찬양"이라는 과목명에서 드러나듯이 비기독교인들에게는 낯설 뿐만 아니라 과목명 자체에서 기독교인들을 대상으로 하거나 아니면 기독교적인 신앙고백을 전제로 하는 뉘앙스를 풍긴다는 점이다. 수강생들을 기독교인들로 한정 짓지 않는다면, 과목명을 보다 보편적이고 종교 중립적인 이름으로 개명을 하는 것이 포용성을 담보하면서 비기독교인들에 대한 배려를 드러낼 수 있다.

조용훈은 기독교 대학이 실행하고 있는 구체적인 인성교육의 세 사례, 즉 서울여자대학교, 한동대학교, 대구가톨릭대학교를 분석하며 기독교 인성교육을 논하고 있다.[74] 서울여자대학교는 바롬교육을 통해 "기독교 정신에 바탕해서 지, 덕, 술을 겸비한 지도자 양성을 목표로 하여, 1학년 때에는 "나를 깨우는 교육"으로 "신입생의 자기이해능력, 공동체의 소속감, 그리고 자아정체성"확립에 초점을 맞추며, 2학년 때에는 "사회를 깨우는 교육"으로 "공감적 의사소통"을 강조하며 "타인에 대한 이해, 배려, 그리고 화합 능력"을

74 조용훈, "기독교대학의 인성교육에 대한 한 연구," **대학과 선교** 31 (2016): 227-58.

교육하고, 그 후에는 "'세계를 깨우는 교육'으로 학생들의 창의성과 도전정신의 함양, 그리고 세계를 향한 여성리더십 교육"을 진행하고 있다.[75] 한동대학교는 "지성과 인성 그리고 영성을 통합하여 사회와 민족, 그리고 세계를 위해 봉사할 수 있는 인재" 양성에 목표를 두며, 인성교육에서 중요한 점은 "팀제도, 공동체생활, 봉사활동, 그리고 캠퍼스 문화 활동"으로, 팀제도에서는 교수가 학생들의 멘토의 역할을 하고, 공동체 생활교육은 기숙사를 통해서 서로 이해하고 배려하는 훈련을 하고, 봉사의 차원에서는 국내외 봉사활동에 적극 참여하도록 지도하고, 캠퍼스 문화 활동으로는 축제에서의 새로운 문화 창출 등을 예를 들 수 있다.[76] 대구가톨릭대학교는 인성교육부를 신설해서 체험형 인성교육과 공동체 생활교육으로 인성교육을 진행한다.[77] 세 학교를 분석하면서 조용훈은 인성교육의 활성화를 위해서 기독교수들이 멘토로서 학생들을 환대하며 지도해야 하고, 기독교 가치관과 세계관 교육을 할 수 있는 교과과목을 개설해야 하고, 비교과과정에서도 공동체 형성, 다양한 형태의 봉사활동, 각종 동아리를 통한 소그룹 활동, 그리고 자발적인 대학생 문화운동이 펼쳐져야 함을 주장한다.[78] 조용훈의 제안은 인성교육의 인지적 측면과 실천적 측면을 아우르는 인성교육의 방법이며 인성교육을 통해 문화를 변혁시켜 나가는 방향까지도 제시한다.

김충만은 경성대학교의 인성프로그램을 소개하면서 인성교육의 새로운 대안을 제시한다.[79] 경성대학교는 "경성허그"라는 교과목을 통해서 학생들이 가족, 친구, 교수, 마을 주민 등 다양한 대상과의 "삶의 거리를 좁히고, 온도를 맞추고, 건강한 소통자"가 되는 것을 목표로 인성교육을 진행한다.[80]

관계에서의 소통을 강조하는 경성허그의 커리큘럼은 다음과 같다.

---

75 **같은 글**, 239-41.

76 **같은 글**, 241-43.

77 **같은 글**, 243-44.

78 **같은 글**, 247-53.

79 김충만, "기독교와 인성: 경성대학교 건학이념('기독교 정신')의 구현으로서의 인성을 중심으로," **인문학논총** 40 (2016): 83-104.

80 **같은 글**, 90.

<표3> 경성허그(KSHUG)

주차	제목	주요내용
1	서론	오리엔테이션
2	현대인의 삶과 허그(Hug)	현대인의 특성
3	나와 허그(Hug)	나는 누구인가?
4	어머니와 허그(Hug)	어머니
5	아버지와 허그(Hug)	아버지
6	형제자매와 허그(Hug)	가족들(형제 & 자매)
7	남자와 허그(Hug)	이성(남자) 이해하기
8	여자와 허그(Hug)	이성(여자) 이해하기
9	친구·선후배와 허그(Hug)	친구 & 선후배 관계
10	학교·교수와 허그(Hug)	학교 & 교수 관계
11	직장동료와 허그(Hug)	직장생활
12	마을주민과 허그(Hug)	마을(지역사회)
13	종교와 허그(Hug)	종교
14	다문화와 허그(Hug)	포스트모던 시대를 보는 눈

인간관계와 지역사회 그리고 종교와 문화까지 아울러 포용하고 올바른 관계를 맺어가도록 하는 경성허그는 인성에 있어서 관계의 중요성을 강조하며 한국 사회에서 관계의 문제점을 재고하고 관계의 건설적인 방향을 제시하는 좋은 제안이다. 경성허그와 아울러서 경성대학교에서 제안하는 인성교육 프로그램 중 관심을 끄는 것은 앞으로 진행을 검토하고 있는 피스메이커학교이다. 피스메이커는 사회에 상존하는 갈등, 특별히 인간관계에서 발생하는 갈등을 해결하는 방법에 대한 구체적인 훈련 프로그램이다. 피스메이커학교의 구체적인 훈련표는 다음과 같다.

<표4> 피스메이커학교[81]

주차	제목	주요내용
1	피스메이커학교소개	· 우리의 현실(본 교육이 필요성) · 4G's / 반문화적 = 복음적 · 갈등의 미끄러운 경사(갈등반응 종류) · 훈련이ㅡ 목적 및 방법, 과제 소개
2	하나님을 영화롭게 하라	· 하나님의 관점에서 갈등보기 - 갈등이 정의 및 원인 · 세 가지 기회 · 청지기적 갈등관리 · 화평의 세 가지 차원 · 하나님이 주시는 화평에는 목적이 있다. · 여호와를 의뢰하라
3	갈등 사례 분석 훈련	· 쟁점을 확인하라(인격적 문제와 실질적 문제의 분리) · 실질적 문제정리와 협상을 위한 용어 이해
4	네 눈 속에서 들보를 빼어라	· 다른 사람의 잘못을 간과하라 · 자신을 살피라: '마음가짐의 점검을 이한 5가지 원리' · 마음의 우상을 찾아 제거하라: 우상화 과정 · 죄로부터의 자유함: 고백의 7A's
5	온유한 심령으로 바로잡으라	· 온유하게 바로 잡으라(간과/권고의 기준) · 복음으로 말미암아 소망을 일으키라. · 듣기는 속히 하라(경청) / 건설적인 직면 · 제 삼자를 개입시키는 경우
6	가서 화해하라	· 주께서 너희를 용서하신 것 같이(네 가지 약속) · 화해와 대체의 원리 · 협력적인 협상 대 경쟁적인 협상 · 협상을 할 필요가 있을 때는 잠시 멈추라(PAUSE) · 진정한 협상: 선으로 악을 이기라.
7	갈등사례 I	· 전체 참석자들이 돌아가면서 발표

81 여삼열, **화평하게 하는 자 훈련교재, 화평으로 심는 자 인도자 지침서** (서울: 한국피스메이커, 2012), 6.

8	갈등사례 II	· 전체 참석자들이 돌아가면서 발표
9	갈등사례 III	· 전체 참석자들이 돌아가면서 발표
10	역할훈련 I	· 배운 원리들을 행하라 · 역할극 훈련의 법칙 / 2분 평가 · 사례 I: 부부 갈등
11	역할훈련 II	· 사례 II: 직장 갈등
12	역할훈련 III	· 사례 III: 자신의 갈등사례
13	시험 및 수료	· 원리 및 성구암송의 내용을 빈칸 채우기 방식으로 출제 · 수료식

피스메이커학교는 인간관계에서 갈등을 극복하고 관계를 회복하는 프로그램으로 성경에서 제시된 예수의 가르침을 바탕으로 더불어 살아가는 인성교육의 핵심을 실제로 훈련할 수 있는 좋은 제안이라고 생각된다. 대학생들을 대상으로 한 인성교육이기 때문에 부부 갈등이나 직장 갈등보다는 대학과 가정에서 벌어질 수 있는 갈등들, 아르바이트를 하면서 생길 수 있는 갈등을 중심으로 다룬다면 효과적으로 대학생들에게 인성교육을 할 수 있는 프로그램이 될 것으로 보인다.

박상진은 기독교교육은 인성교육과 동일시될 수 없지만 인성교육을 수반하는 것으로 기독교교육과 인성교육은 분리될 수 없는 것으로 본다.[82] 그는 기독교적인 개념 중 '경건'을 기독교적 인성교육의 핵심으로 보고 경건이 가지고 있는 세 가지 차원, 초월성, 윤리성, 실천성을 강조한다.[83] 초월성은 "자기만족이 아니라, 늘 자기를 초월하려는 경향이며, 자기 극복의 과정이"며, 윤리성은 경건의 외적인 표시이며, 실천성은 삶에서 신앙이 구체화되어야 함을 의미한다.[84] 박상진은 기독교 인성교육에서 교사와 학생의 신뢰관계가 중요하며, 공동체 캠프나 생활이 효과적이고, 학교환경 개선을 통해 공간이 만

82 박상진, "기독교학교에서의 가치관 형성 및 인성교육," **2015년 한국기독교교육학회 하계학술대회자료집**, 23-45.

83 **같은 글**, 26.

84 **같은 글**, 27.

들어내는 정서교육을 강조한다.[85] 박상진이 제시한 초월성, 윤리성, 실천성은 기독교 신앙에서 추출한 추상적 개념으로 기독교 인성교육이 기독교 신앙교육이라는 좁은 틀을 벗어날 수 있는 중요한 근거를 제시한다. 기독교적 인성교육이 기독교인만을 대상으로 하거나 기독교인화하려는 배타주의와 개종주의를 극복해야 기독교대학에서 다른 종교인들에게 설득력있는 인성교육이 될 것이기 때문이다.

최영근은 기독교대학의 복음적 인성교육에 관해서 성육신적 영성 함양의 중요성을 강조한다.[86] 보다 구체적으로는 기독교대학의 인성교육을 리차드 니버의 문화변혁적 복음 모델, 요하네스 호켄다이크의 하나님의 선교 개념, 테어 순더 마이어의 콘비벤츠(Konvivenz)로서의 선교, 토마스 그룸의 커네이션(conation) 개념, 그리고 한남대학교 초대 학장인 인돈(William A. Linton)이 표방한 기독교대학의 이념을 제시한다.[87] 니버의 문화변혁적 복음 모델은 초월적인 존재가 유한한 세계에 들어와서 사랑의 질서를 회복시키고 사회를 변혁시키는 것을 의미하며 사회와 문화가 제기하는 문제들에 대한 신학적인 답변을 제시하는 틀이며, 개종주의와는 구별되는 호켄다이크의 하나님의 선교는 "사랑과 섬김으로 이루어지는 정의와 평화", "공동체적인 연대와 조화", 그리고 "치유와 회복을 의미"하는 샬롬을 현실에 구현하는 것이고, 순더마이어의 콘비벤츠는 공생이나 더불어 살아가기를 의미하며 교회가 타자를 위해 존재하고 "상호배움, 상호협조, 공동의 축제"를 누리며 공동체적인 실천을 하고, "하나님을 알고, 사랑하고, 섬기는 전인격적 신앙을 이웃을 알고, 사랑하고, 섬기는 사회적 실천과 연결하는 통전적, 관계적 지식"인 그룸의 커네이션을 통해서 "지성적 배움과 정서적 소통과 의지적 실천"을 통합하고, 선교사 인돈의 대전대학 설립에서 밝힌 교육의 목적은 인격과 신앙교육, 그리고 교회와 사회에 봉사할 탁월한 인재 양성을 의미한다.[88] 이 이론을 바탕으로 최영근은 인성교육을 상관관계적 교육, 통전적 교육, 공동체적 교육, 그리고 상호주체적 관계적 교육으로 추진되어야 함을 주장한다.[89]

85 **같은 글**, 39-40.

86 최영근, "기독교대학의 복음적 인성교육에 관한 연구 - 하나님 나라의 성육신적 영성교육의 신학과 실행방안," **대학과 선교** 30 (2016): 223-61.

87 **같은 글**, 236.

88 **같은 글**, 236-39.

89 **같은 글**, 239-40.

최영근의 언급한 개종주의를 넘어선 하나님의 선교, 더불어 살아가는 공동체적인 연대와 조화, 배움과 앎의 실천의 통합은 기독교 인성교육에서 필요한 중요한 제안들이다.

3. 이론적 배경

기독교윤리적 시각에서 기독교인성교육모델을 제시하려고 할 때, 고려해야 할 부분은 인성교육에서의 윤리학적 접근이다. 이 부분에서 덕윤리가 인성교육에서는 많은 주목을 받고 있다. 서민철은 습관과 정서를 포함하는 도덕적 행위 이론을 주장하는 덕윤리의 중요성을 강조한다.[90] 덕윤리가 인성교육에서 중요한 이유는 이전까지 중요하게 논의되어 오던 의무윤리들, 구체적으로는 의무론과 공리주의가 인성교육에서는 중요한 역할을 할 수 없기 때문이다. 덕윤리, 의무론, 공리주의를 표로 표현하면 다음과 같다.

<표5> 덕윤리, 칸트 의무론, 공리주의 비교[91]

	의무윤리(Duty Ethics)		덕윤리(Virtue Ethics)
	칸트 의무론	공리주의	
가치평가의 대상	행위	행위	행위자(인성)
가치평가의 대상	옳은(right)/ 그른(wrong)	좋은/나쁜옳은/그른	좋은(good)/나쁜(bad)
도덕의 근거	보편적 도덕 원칙 (정언명법)	공리 원칙, 최대 쾌락 원칙	행복, 완벽성, 상찬 (admirability)

이 세 가지 윤리는 각각 다른 윤리들을 비판한다.[92] 칸트 의무론의 입장에서는 공리주의나 덕윤리가 현실에서 드러날 수도 있고 그렇지 않을 수도 있는 모호한 결과나 목적에 기반해서 윤리를 전개한다고 주장한다. 예를 들어 공리주의에서 최대 행복을 목적으로 정하고 선택을 하지만 결과는 그 최대 행복을 담보할 수 없고, 덕윤리에서 덕을 통한 행동이 꼭 행복을 가져다주지 않을 수 있다. 칸트의 의무론은 공리주의와 덕윤리가 각각 결과와 행복을 지향하지만 실제로 윤리적 선택을 통해서 그 결과나 행복을

90 서민철, "인성교육의 윤리학적 기초로서의 덕윤리," **학습자중심교과교육연구** 12/3 (2012), 217-41.

91 **같은 글**, 223, <표1>

92 **같은 글**, 221-22.

담보할 수 없기 때문에 목적 지향적 윤리로 규정하고 비판한다. 공리주의는 칸트의 의무론과 덕윤리를 동기윤리로 규정하고 두 윤리적 입장이 결과와 무관한 선택을 유도할 수 있다고 지적한다. 칸트의 의무론과 덕윤리가 동기윤리라는 것은 행동의 동기는 제공하는 반면 결과에 무관심하다는 것이다. 공리주의는 철저하게 결과를 목적으로 두고 윤리적 선택을 하지만, 의무론의 의무나 덕윤리의 품성이 목적한 결과를 이루지 못한다는 것이다. 덕윤리는 의무론과 공리주의가 평가의 대상을 행위에 놓기 때문에 행위자의 자율성을 손상할 수 있다고 비판한다. 의무론의 의무와 공리주의의 공리는 인간 주체와 주체적 선택과는 무관한 행위에 초점이 맞춰져 있다. 덕윤리적 입장에서 볼 때 이러한 인간은 자율적으로 자신의 선택을 하기보다는 주어진 의무와 공리를 수행하는 비자율적인 존재에 불과하다. 이에 비해 덕윤리는 인간이 자율성을 바탕으로 자신이 습득해 온 덕을 실천하며 좋은 선택을 하게 만든다.

칸트의 의무론, 공리주의, 그리고 덕윤리 등 각각의 윤리적 입장은 나름의 장점들과 구체적 사회문제에 적용하는 데 있어서 유용성이 있지만, 인성교육의 영역에서는 덕윤리가 가장 적합한 윤리적 이론이라고 생각된다. 그 근원적인 이유는 앎과 행동 사이의 불일치가 현재 한국사회에서 인성교육을 요청하게 된 원인이기 때문이다. 사회적 이슈가 되는 많은 인성 관련 문제에서 사회적 지도층이 다수 포함되어 있고, 그 지도층은 앎에 있어서 다른 사람들보다 많은 교육을 받은 사람들이기 때문에, 앎과 행동 사이의 간극이 한국에서는 심각한 문제이다. 다른 윤리적 입장들과 달리 덕윤리는 앎과 행동의 간극을 줄이며 인성의 발현에 도움을 줄 수 있다는 점에서 인성교육 논의에 유익하다. 칸트의 의무론에 따르면 인간은 알면 행동해야 한다. 누군가 어려움에 빠지면 무조건 도와야 한다. 의무론에 의하면 알면 행동을 해야 하는데, 행동하지 못하는 이유는 알지 못하기 때문이다. 그러나 현실은 의무론의 평가나 기대와는 다르다. 알아도 행동하지 않는 것이 현실이기 때문이다. 예를 들어 누군가 왕따를 당해도 그 문제를 해결하려고 쉽게 뛰어들지 못한다. 왕따가 나쁜 현상이고 우리 사회에서 사라져야 할 악습이지만, 그 구조에서 방관자나 소극적 참여자로 있기 십상이다. 칸트의 의무론에서는 왕따의 현상이 있을 때, 당연히 그 문제를 해결하도록 나서야 하지만 실제로는 그 앎과 행위 사이의 간극을 현실적으로 메울 만한 기제가 없다. '의무'논리가 제대로 작동하지 못하기 때문이다. 공리주의에서는 행위를 할 때 최대행복을 지향한다. 쾌락을 지향하고 고통을 지양한다. 왕따 현상을 목도했을 때, 공리주의에서도 최대다수의 최대행복을 고려하면 그 현상을 해결하도록 행위주체자가 노력해야 한다. 왕따가 없는 사회에서 최대다수가 최대행복을 누릴 수 있기 때문이다. 그러나 공리주의에서는 이 최대행복을 어떻게 측정할 수 있는가가 문제이다. 왕따가 없는 관계에서 누리는 행복의 총합이 왕따 한 명이 있어서 사람들이 누리는 행복의 총합보다 큰지 적은지 정확하게 측정할 방법이 없다. 트롤리의 딜레마에서 논의되듯이 다섯 사람의 희생보다는 한 사람의 희생이 낫다면 그 한 사람은 자발적이든 비자발적이든 그 고통을 받아들여야 한다. 그 고통을 받아들이기란 쉽지 않지만 공리주의에서는 누군가의 희생을 막을 방법이 없다. 최대행복을 위한 선택이라고 하더라도, 실제로는 자기 편익에 의해 최대행복이 자의적으로 산출될 위험성이 상존한다. 이 맥락에서 공리주의에서는 앎과 행위의 간극에 자의성이 개재할 가능성이 높다. 칸트의 의무론과 공리주의와 달리 덕윤리는 앎과 행동 사이에 인간이 갖춰야 할 중요한 자질을 강조한다. 앎과 행동 사이에 인간이 선택하는 데 도움을 주는 덕이 있음을 덕윤리는 제시한다. 왕따가 벌어지고 있는 상황에서 덕을 지닌 사람은 그 자리를 간과할 수가 없다. 정의와 배려라는 덕을 이미 몸에 체현하고 있기 때문에 그 자리에서 회피할까 아니면 끼어들까를 고민하지 않고 왕따를 당하는 사람의 편에 서서 적극적 방어자의 역할을 하게 된다. 덕윤리는 앎과 행위의 간극을 메울 수 있는 중요한 접근 방법이다.

인성교육에서 덕윤리가 좋은 교육방법인 반면에, 덕윤리가 안고 있는 문제도 존재한다. 인성교육과 관련해서 덕윤리가 갖고 있는 문제는 어떤 덕목을 선택하고 가르쳐야 하는가에 대한 문제이다. 일반적으로 사람들이 칭송하는 덕의 목록이 있다. 인성교육진흥법 제2조 2항은 인성교육의 목표가 되는 핵심 가치와 덕목으로 예(禮), 효(孝), 정직, 책임, 존중, 배려, 소통, 협동 등을 언급한다. 이러한 덕은 누구나 동의할 수 있는 중요한 덕목이다. 그러나 이 덕 목록에 제외된 덕들도 또한 중요하고 우리 시대에 필요한 것들일 수 있다. 예를 들면, 오랜 기간 중요한 덕으로 간주되어 왔던 정의나 용기도 우리 시대에 필수적인 덕이지만, 인성교육진흥법에서는 언급되지 않았다. 인성교육에서 특정한 덕의 선택과 배제가 필수불가결하다면 선택된 덕들이 어떤 기준에 의해서 선택되었고, 그 근거나 목적이 어떠한 것인지를 분명하게 자세하게 밝혀야 불필요한 논쟁을 줄일 수 있다.

인성교육을 비판적으로 바라보는 시각에서는 인성교육이 국민을 통제하거나 국민의 사상을 국가의 구미에 맞게 형성하려 하는 수단이다. 일제가 조선에서 황국신민을 만들려고 했던 일이나, 유신시대에 국립교육헌장으로 학생들을 군사처럼 양육하려 했던 일들이다. 국가를 위한 충성이 강조되었고, 충성은 많은 덕들 중의 하나이다. 충성이 분명히 중요한 덕이지만, 그것이 강조되는 배경이 제대로 설명되지 못하고 사회 전체적인 공감대를 형성할 수 없다면 인성교육은 사회 전체적 정신의 고양보다는 사회의 통제와 억압으로 기능할 가능성이 높다. 이 맥락에서 인성교육의 덕을 선택하고 결정하는 배경과 목적에 대한 분명한 제시가 필요하다.

덕에는 어떠한 덕목들이 있을까? 에드문드 핀코프스(Edmund Pincoffs)는 덕의 현상학을 시도한다. 우리에게 알려진 다양한 덕들을 다 제시한다. 보통은 덕을 이야기할 때 도덕적 덕만을 생각하는 데 비해서, 핀코프스는 그 외에도 다양한 덕이 있음을 보여준다.

<표6> E. Pincoffs의 덕 목록[93]

분류		덕목
도구적	행위자-도구적 덕목	끈기(persistence), 용기(courage), 주의깊음(alertness), 조심스러움(carefulness), 요령있음(resourcefulness), 용의주도함(prudence), 에너지(energy), 힘(strength), [냉철함(cool-headedness)], 결단력(determination)
	집단-도구적 덕목	협력(cooperativeness), 실천적 지혜(practical wisdom), 리더십(leadership or followership)

93 Edmund Pincoffs, *Quandaries and Virtues: Against Reductionism in Ethics* (Lawrence: University Press of Kansas, 1986), 85. 서민철, 235에서 재인용.

비도구적	미적덕목	고귀함	위엄있음(dignity) 사나이다움(virility), 통큼(magnanimity), 평정심(serenity), 고결함(nobility)
		매력적임	품위(gracefulness), 재치(wittiness), 활기참(vivaciousness, liveliness), 상상력(imaginativeness), 기발함(whimsicality)
	개선 및 발전의 덕목	사회적덕목	관용(tolerance), 합리적임(reasonableness), 機智 있음(tactfulness)
		기질적인 것	점잖음(gentleness), 유머(humorousness), 상냥함(amiability), 쾌활함(cheerfulness), 온화함(warmth), 감사하는 마음(appreciativeness, noncomplainingness), 열린 마음(openness), 차분함(even-temperedness), 용서(nonvindictiveness)
		예절 덕목	깍듯한 예절(civility), 공손함(politeness), 경우 있음(decency), 겸손(modesty), 환대함(hospitableness), 수수함(unpretentiousness)
비도구적	도덕적덕목	필수적	정직(honesty), 진솔함(sincerity), 진실됨(truthfulness), 충실함(loyalty), 일관성(consistency), 믿음직함(reliability, dependability, trustworthiness), [무모하지 않음](nonrecklessness), [태만하지] 않음(nonnegligence), 보복하지 않음(nonvengefulness), [호전적이지] 않음(nonbelligerence),광신적이지 않음(nonfanaticism)
		선택적	자선(benevolence), 이타성(altruism, selflessness), 감수성(sensitivity), 용서(forgivingness), 도움주고자 함(helpfulness),이해심(understandingness), 매우 정직함(super honesty), 매우 양심적임(super conscientiousness), 매우 믿음직함(super reliability)

핀코프스가 열거한 덕들은 70여 가지가 넘는다. 이러한 덕들을 모두 한꺼번에 양육시키기는 어렵다. 열거한 덕들 중에서 가장 중점적으로 다뤄져야 할 것들이 무엇인지 논의해야 하고 그 선택의 기준이 되는 근거를 제시하는 방법은 공동체가 제시하는 기준이 될 것이다.

기독교대학들이 기독교 인성교육을 하는 데 있어서 고양시키려는 덕의 근거는 인성교육진흥법 2조 1항에서 찾을 수 있다. "'인성교육'이란 자신의 내면을 바르고 건전하게 가꾸고 타인·공동체·자연과 더불어 살아가는 데 필요한 인간다운 성품과 역량을 기르는 것을 목적으로 하는 교육을 말한다."고 규정한다. 이 법조항에서 강조하는 점은 "더불어 살아가는" 삶의 자세이다. 성품과 역량을 기르는 이유와 인간의 내면을 바르고 건전하게 가꾸는 이유도 더불어 살아가는 능력을 키우기 위함이다. 지금 한국의 상황에서 인성교육에 필요한 덕들은 더불어 살아가는 능력이라는 목적을 위해 도움이 되는 것들이어야 한다.

우리 시대에 더불어 살아가는 능력이 이토록 중요한 이유는 사회 구조가 더불어 살아가는 것보다는 개인이 자신의 삶에 절대적 책임을 지는 방향으로 진행되어 왔기 때문이다. 신자본주의의 체제하에서 효율성과 생산성이 무엇보다도 중요하게 생각되기 때문에 더불어 살아가는 것보다는 개인이 자신의 능력과 기술을 최대한 발휘해서 가장 효율적이고 생산적인 방식으로 살아남도록 요청되기 때문이기도 하다.

문제는 교육제도가 공동체의 중요성보다는 개인의 수월성을 더 강조하면서 심화되었다. 그리고 인성교육이 공교육으로부터 배제된 보다 근원적인 이유는 성해영과 박범석이 지적한 대로 "종교와 교육의 엄격한 분리"이다.[94] 종교는 삶에서 가치와 의미를 묻고 대답해 주는 기능을 해 왔다. 그러나 서구사회의 교육기관은 종교를 지식의 전수기관으로 축소시켰다. 객관성과 합리성을 담보하는 지식전수기관으로 교육기관이 축소된 이유는 종교의 억압적 역할 때문이긴 하다. 종교가 근대를 지나면서 자신과 다른 믿음 체계와 사고를 가진 사람들을 관용하지 못하면서 서구사회를 갈등과 전쟁으로 내몰았기 때문에 교육기관들이 종교를 배제했던 것은 충분히 이해할 수 있는 현상이다. 그러나 종교가 교육의 영역에서 완전히 배제되면서 지금 한국사회가 그토록 집중하고 있는 인성교육이 함께 배제되었다. 그 이유는 인성교육의 내용과 종교의 덕목이 공명하기 때문이다.

> [인성교육진흥법] 2조 2항은 인성교육의 구체적인 내용으로 "예(禮), 효(孝), 정직, 책임, 존중, 배려, 소통, 협동 등의 마음가짐이나 사람됨과 관련되는 핵심적인 가치 또는 덕목"을 제시하고 있다. 그런데 예(禮)를 포함해 정직, 책임, 존중 등과 같은 가치와 덕목은 실제로 종교가 강조하는 윤리적 가치에 다름 아니다. 즉, 동법이 '사람됨'과 관련된 가치로 역설하는 덕목들은, 타인과의 관계 속에서 소통하고, 배려하며 함께 살아나가기 위해 우리가 꼭 갖추어야 한다고 모든 종교전통이 가르치는 바와 일치한다. 다시 말해 타인을 사랑하고, 자비를 베풀며, 어질게 대하라는 종교의 전통적인 덕목이 바로 법률을 통해 진흥하고자하는 인성교육의 핵심 가치와 상통한다는 것이다.[95]

94 성해영·박범석, "인성교육진흥법 제정의 종교교육적 의미," **종교교육학연구** 49 (2015): 9.

95 **같은 글**, 8-9.

성해영과 박범석의 주장은 종교적인 가치와 덕목이 인성교육에 도움이 된다는 것이다. 종교적 가르침이 인성교육에 도움이 된다는 그들의 주장은 기독교적 인성교육의 정당성과 효과성에 도움을 준다. 문제는 이 종교적 차원을 어떻게 사용하는가 하는 데 있다. 다시 말해서, 기독교윤리적 인성교육 모델을 제시함에 있어서 기독교적인 것을 어떤 의미로 사용해야 하는지에 대한 논의가 필요하다. 이 점은 성해영과 박범석이 분류한 종교교육의 틀에서 도움을 얻을 수 있다. 그들은 종교교육을 '종교의 교육'(education of religion), '종교에 관한 교육'(education about religion), '종교적 교육'(religious education)으로 나누어 설명한다.[96] 표를 통해서 보다 구체적으로 설명하면 다음과 같다.

<표7> 종교교육의 분류[97]

	종교의 교육 (education of religion)	종교에 관한 교육 (education about religion)	종교적 교육 (religious education)
교육 목적	신앙의 내면적 성숙	종교의 객관적 이해	종교적 심성의 함양
교육 내용	교리를 통한 신앙 독려	종교 관련 지식의 습득	종교적 정조와 인식
교육 방법	수용과 몰입	분석과 비교	통찰과 자각
물음 방식	어떻게 신앙할 것인가	종교란 무엇인가	종교란 어떠해야 하는가
담론의 장	종교교단	종교학	교육종교학

'종교의 교육'은 한 종교의 교리와 신앙에 초점을 맞춘 교육으로 그 교리와 신앙을 어떻게 수용하고 거기에 집중할 수 있는지에 관해 가르치기 때문에 특정 종교의 신앙교육에 적합하며, '종교에 관한 교육'은 종교의 객관적 지식에 초점이 맞춰 있기 때문에 학문적인 차원에서 종교를 이해하는 데 유용하고. '종교적 교육'은 특정 종교의 교리나 신앙보다는 종교성 자체에 초점을 맞춘 교육으로 "종교적 자각과 성찰을 의도하는 심성교육"이기 때문에 인성교육에 가장 적합하다.[98] 성해영·박범석은 '종교적 교육'이 "종교적

96 같은 글, 15.

97 같은 글, 16.

98 같은 글, 15.

색채나 호교론적 의도 없이 종교적 경건성과 초월성의 내면화, 영적 각성 등을 통해 더 윤리적이고 나은 존재가 되는 것을 목적으로 삼기 때문"에 인성교육과 많은 부분이 공유될 수 있을 것으로 본다.[99]

성해영·박범석이 '종교적 교육'이 인성교육에 다른 교육 방법보다 적합하다는 것에는 동의하지만, 종교적 교육이 모든 종교가 지향해야 할 교육으로 제시한 점에서는 동의하기가 어렵다. 성해영·박범석은 이 점을 다음과 같이 표현한다.

> '종교적 교육' 혹은 '종교적인 교육'은 특정종교의 교리체계에 구애받지 않는 종교성의 함양에 목적을 둔다. '구애받지 않는다'는 것은 개별종교의 교리를 무조건 배척하지 않음을 의미한다. 각각의 교리들은 교육체계 안에서 적극적으로 수용되어야 하며, 다양한 종교체험의 사례들도 교육적으로 활용될 수 있다. 그렇다고 종교교육과 종교적 교육이 양립할 수 없는 것은 아니다. 특정 종단의 종교인 양성을 목적으로 하는 종교교육은 반드시 필요하다. 그러나 그것이 결국 종교적 교육으로 나아가지 못할 경우에는 편협하고 배타적인 맹목적 신앙인이 될 수 있음을 경계해야 한다는 뜻이다. 따라서 종교적 교육은 각기 다른 종교교육의 영역 중 하나라기 보다는 종교교육이 지향해야 할 기본조건이라 볼 수 있다.[100]

다종교 상황에서 성해영·박범석이 지적하는 편협하고 배타적인 신앙인 교육은 어느 종교든 지양해야 할 교육방식이다. 그러나 '종교교육'이 지향해야 할 기본조건이 '종교적 교육'이라기보다는 '종교적 교육'에 바탕을 두고 '종교교육'이 이뤄져야 한다. 종교적 신앙의 대상을 상대화시킬 위험이 있는 '종교적 교육'은 종교교육의 지향점이 될 수 없기 때문이다. '종교적 교육'이 지향점이 될 때, 어떤 종교이든 그 종교는 종교의 영역에서 학문의 영역으로 약화된다. 학문적 영역에 머무는 종교는 종교가 갖고 있는 삶의 변혁이나 존재의 변화를 일으키는 근원적인 힘을 상실하고 표피적이고 피상적인 역할에

99 같은 글, 16.
100 같은 글, 15.

그치고 말 것이다. 이 맥락에서 '종교적 교육'의 유용성은 분명히 강조될 필요가 있지만, '종교의 교육'의 지향점으로 간주되어서는 안 될 것이다.

'종교적 교육'으로 '종교의 교육'을 수렴하려는 경향성을 제외한다면 성해영·박범석의 '종교적 교육'은 각 종교의 교육방식으로 중요한 역할을 할 것이다. 이 틀을 기독교교육으로 변용하여 사용하면 아래와 같이 표현할 수 있을 것이다.

<표8> 기독교 교육의 분류

	기독교의 교육 (education of Christianity)	기독교에 관한 교육 (education about Christianity)	기독교적 교육 (Christian education)
교육 목적	신앙의 내면적 성숙	기독교의 객관적 이해	기독교적 가치의 함양
교육 내용	교리를 통한 신앙 독려	기독교 관련 지식의 습득	기독교적 인식과 실천
교육 방법	수용과 몰입	분석과 비교	통찰과 자각
물음 방식	어떻게 신앙할 것인가	기독교란 무엇인가	어떻게 살아야 하는가
담론의 장	교회	신학, 종교교양	기독교윤리학

기독교 대학에서 모든 학생을 대상으로 진행되는 기독교 인성교육은 '기독교의 교육'이 아니라 '기독교적 교육'이어야 한다. '기독교의 교육'은 신앙의 내면적 성숙과 교리를 통한 기독교 신앙을 독려하기 때문에 교회에서 이뤄져야 한다. '기독교에 관한 교육'은 기독교의 가르침과 지식을 객관적으로 제시하며 기독교를 이해하는 데 도움을 주는 것으로 학문으로 가르쳐야 한다. '기독교적 교육'은 객관적 지식 혹은 신앙적 성숙이나 신앙 자체보다는 신앙의 보편적인 특성을 강조하고 기독교적인 정신과 그 정신에 바탕을 둔 삶의 방법을 가르친다. 기독교 인성교육은 '기독교의 교육'이나 '기독교에 관한 교육'이어서는 효과적이지 못하다. '기독교의 교육'이 되면 대상이 기독교인으로 한정되거나 비기독교인의 경우 개종을 목적으로 해야 한다. 기독교 인성교육을 논하는 여러 논문들은 '기독교의 교육' 입장에서 기독교 인성교육을 시도하고 있다. 기독교 인성교육이 선택과목이라면 '기독교의 교육'도 좋은 방법이다. 학생들이 자발적으로 선택했기 때문에 기독교 신앙의 내면적 성숙이나 신앙의 독려가 문제가 되지 않는다. 그러나 기독교

인성교육이 비기독교인들과 기독교인들을 포함한 전체 학생들을 대상으로 하는 필수과목이라면 기독교의 교육 방식은 수강생들이 이해하기도 어려울 뿐만 아니라 수용하기도 어렵다. 이런 맥락에서 '기독교의 교육'으로서 기독교 인성교육은 적합하지 않다. '기독교에 관한 교육'으로서 기독교 인성교육의 틀도 제외되어야 한다. '기독교에 관한 교육'은 객관적 지식에 초점이 맞춰 있기 때문에 지식 습득에는 유용할 수 있지만, 행위와 실천에 무게중심이 있는 인성교육과는 거리가 멀기 때문이다. 가장 적합한 기독교 인성교육은 '기독교적 교육'이어야 한다. '기독교적 교육'은 기독교 정신에 바탕을 두고 있기 때문에 비기독교인들과 기독교인들 모두에게 적용가능한 가르침을 줄 수 있고, 보편적으로 받아들여질 수 있는 지혜를 전달하기 때문에 모두가 수용할 수 있는 인성교육을 가능하게 한다.

4. 기독교 윤리적 인성프로그램 모델

계명대학교에서 실행할 기독교적 인성교육 프로그램은 그 교육목적에 부합해야 한다. 학교법인 계명대학교 정관 제1조 목적에 따르면, 법인은 “대한민국의 교육이념에 입각하여 국가사회 및 기독교적 지도자를 양성하기 위하여 교육을 실시함을 목적으로 한다고 규정한다. 계명대학교 학칙 제2조(교육목적 및 목표)에 의하면, 계명대학교는 “기독교 정신과 대한민국의 교육 정신에 입각하여 교육의 전인성 고취와 전문성 확립, 학문의 탁월성 추구와 윤리성 앙양을 교육목적으로 하며, 진리를 탐구하는 창의적 전문가, 정의를 구현하는 윤리적 지성인, 사랑을 실천하는 전인적 지도자 육성을 교육 목표로” 설정한다. 법인의 정관과 계명대학교 학칙은 기독교 정신에 입각한 교육과 기독교적 지도자 양성을 분명하게 제시하고 있다.

기독교 정신에 입각한 교육과 기독교적 지도자 양성은 해석에 따라 다양하게 받아들여질 수 있다. 약한 의미로 “기독교”를 받아들인다면, 기독교적인 정신과 가치를 바탕으로 교육을 한다는 의미가 될 것이다. “기독교”를 강한 의미로 해석을 한다면 기독교적인 신앙고백까지도 포함시킬 수 있다. 그러나 현실적으로 다종교 상황에서 기독교를 강한 의미로 해석해서 교육을 시행하기는 어렵다. 신입생들의 80% 정도는 비기독교인임을 감안하고, 종교의 다양성을 존중한다는 측면에서 “기독교적 지도자”는 신앙고백적인 차원의 지도자를 양성한다기보다는 기독교적 정신과 가치를 내면화한 지도자를 양성한다는 의미가 될 것이다.

기독교적 정신과 가치를 내면화한 지도자를 양성할 때, 필요한 인성 프로그램은 어떤 것일까? 기독교 윤리적 인성 프로그램으로 다양한 모델을 제시할 수 있지만, 그중 하나는 ‘비폭력적 대화하기’이다. 비폭력적 대화를 중요하게 부각시키는 이유는 현재 한국 사회가 당면하고 있는 현실에서 혐오의 표현이 급증하고 있고 확장되고 있기 때문이다. 혐오는 서로 다른 것을 이해하지도 수용하지도 못하고 차별적인 표현을 통해 무시하고 거부하는 현상이다. 가장 현저하게 드러나는 표현은 ‘충’이다. 자신과 다른 존재를 ‘OO충’으로 규정하며 사람으로 대우하기를 거부한다. 기본적인 대화에서도 폭력성이 제어되지 않고 가감 없이 표출되고 있다. 인성교육에서 중요시하는 부분은 물론 행위이다. 행위중심의 인성교육에서 언어는 부차적인 문제로 간주될 수도 있다. 그러나 언어도 주체가 수행하는 하나의 행위이다. 하나의 행위로서 언어는 다른 행동만큼이나 사람들에게 영향을 끼치고 관계에서 중요한 역할을 한다. 이런 맥락에서 언어를 인성교육적인 측면에서 바라봐야 한다. 기독교적인 언어 사용과 대화는 어떤 것일까? 기독교적인 언어 사용은 우선 타자 존중에서부터 시작한다. 나와 다른 타자는 그 다름이 기본적으로 인정되어야 한다. 타자를 인정하기 위해서는 타자를 규정하기 전에 그 타자에 대한 충분한 이해가 선행되어야 한다. 관계는 타자에 대한 편견 없는 존재 긍정으로부터 시작된다. 이 단계가 비폭력적 대화하기의 시작이다. 타자를 내 인식의 틀 안에 가두고 상호작용을 시작하게 되면 폭력적 관계를 벗어나기 어렵다.

덕의 차원에서 타자에 대한 주체의 폭력적 이해는 무례함으로 이해된다. 안하무인(眼下無人)의 표현에서 드러나는 것처럼 자기의 눈에 들어온 사람들은 사람으로 인정하지 않는 것은 무례함의 근원적 출발점이다. 예의 없이 행동하는 습관이 폭력적 언어행위이다. 비폭력적 언어 사용과 대화를 위해서는 다양한 덕의 습득이 필요하다. 핀코프스의 덕 목록에서 언급하면, 행위자-도구적 덕목으로는 주의깊음, 조심스러움, 결단력이, 미적덕목으로는 품위와 재치가, 개선 및 발전의 덕목에서는 관용, 점잖음, 유머, 상냥함, 온화함, 열린 마음, 차분함, 용서가, 도덕적 덕목에서는 깍듯한 예절, 공손함, 경우 있음, 환대함, 진솔함, 믿음직함, 진실됨, 감수성, 이해심이 필요하다. 비폭력 대화하기에도 다양한 덕이 개재된다. 이 다양한 덕들은 복합적으로 상호 연결되어 있기 때문에 개별적이나 순차적으로 습득되기보다는 함께 습득되어야 한다. '비폭력적으로 대화하기'를 통해서 다양한 덕들은 개별적 선행 습득 없이도 개인들이 알게 모르게 익히게 될 것이다.

비폭력적 대화에 앞서서 대화에서 갈등을 일으키는 많은 요소들이 있다. 비폭력적인 대화를 하려면 우선 갈등을 초래하지 않는 대화가 선행되어야 한다. 갈등을 초래하지 않고 대화를 하는 법에 대해서 세실 앤드류스는 다음과 같은 점을 강조한다. 우선 "…생각을 표현하되 강요해서는 안 된다. 사람들을 설득하려 하지 마라. 사람들이 동의하지 않는다고 언쟁하지 마라. 상대의 생각을 질문함으로써 대화의 화자가 당신이 아닌 그가 되게 하라."[101] 우선 자신의 생각을 표현하는 데 있어서 그 사람도 당연히 그렇

101 Cecile Andrews, **유쾌한 혁명을 작당하는 공동체 가이드북: 행복은 타인으로부터 온다**, 강정임 옮김 (서울: 한빛비즈, 2013), 190.

게 생각해야 된다고 예단하거나 강요하지 말아야 한다. 폭력은 여기서부터 시작된다. 자신을 생각을 표현해도 청자의 입장은 전혀 다를 수 있고, 실제로 다르다. 화자와 청자는 동일할 수가 없기 때문이다. 동의하지 않는다고 대화에서 배제하거나 대화 자체를 중단하게 되면 갈등은 해결되지 않은 채 남게 된다. 상대의 생각이 다를 경우 그 생각에 대한 질문을 통해서 상대방이 자신을 그대로 표현할 수 있도록 유도해야 갈등을 초래하지 않는 대화를 이어갈 수 있다. 앤드류스는 두 번째로, "서로 동의하는 부분이 있다면 그 부분을 집중적으로 언급하는 것이 좋다."고 한다.[102] 갈등을 해결할 수 있는 단초는 함께 동의하는 부분에 있다. 동의하는 부분이 있다면, 그 토대 위에서 서로 다른 견해를 조율할 수 있게 된다. 세 번째로 앤드류스는 "개인적인 의사를 표현할 때마다 문장 앞머리에 '내 생각에' '내 경험으로 볼 때' '내가 아는 바로는' '내가 보기에'라고 표현하는 것이 좋다. 어떤 식으로든 부드럽게 말하라. 명확하게 단정 지어 말하면 사람들은 강요받는다고 생각한다."고 조언한다.[103] 대화할 때, 화자는 보통 자신이 하는 이야기가 근거가 있고 보편적이고 모두가 수긍할 만하다고 생각한다. 자신의 주장은 자기만의 주장이 아니길 바라기 때문에, 자신의 생각임을 밝히는 데 그리 주도적이지 못하다. 그러나 갈등을 피할 수 있는 대화를 위해서는 어떤 주장이 자신의 것인지 아니면 다른 누구의 것인지 분명히 밝힐 필요가 있다. 그 주장이 나만의 주장일 경우에도 보편적인 것으로 오해하게 만들면 대화는 갈등의 늪을 헤어 나오기 어렵다. 자신의 주장임을 분명하게 밝히고, 상호 동의하는 부분에 대한 이해를 깊게 하고, 상대도 자신의 견해를 충분히 표현할 수 있게 해야 대화를 통해서 갈등을 불러일으키지 않고 건설적인 관계를 만들어갈 수 있다.

갈등을 초래하지 않는 대화의 차원을 넘어서서 비폭력적인 대화는 인간의 폭력성을 언어에서부터 차단하고 평화적인 관계를 형성해 나가는 기초가 된다. 비폭력 대화(NVC, Nonviolent Communication)는 마셜 B. 로젠버그가 제안한 대화법이다. 그는 인간의 본성이 연민에 기초한다고 본다. "삶에서 내가 원하는 것은, 가슴에서 우러나와 서로 주고받을 때 나와 다른 사람 사이에서 흐르는 연민이다."[104] 연민과 그에 바탕을 둔 솔직한

---

102 **같은 글**, 191.

103 **같은 글.**

104 Rosenberg, Marshall B. **비폭력대화: 일상에서 쓰는 평화의 언어, 삶의 언어**, 캐서린 한 옮김, 개정판, (서울: 한국NVC센터, 2017), 22.

대화가 인간에게 기쁨을 주고 삶을 의미 있게 만드는 반면에 현실에서는 폭력적이고 공격적인 언설과 언명이 두드러진다. 보통의 경우 상대방을 궁지에 몰아넣으면 그 반작용으로 폭력적인 반응이 나온다고 생각한다. 상대방이 공격적으로 나오기 때문에 반응자도 공격적으로 대응한다는 것이다. 그러나 이 공격적 행위와 대응폭력적 행위의 폭력적 순환에서는 비폭력적인 대화나 관계가 불가능하다. 자극과 반응 사이에 아무것도 개재할 수 없다면 비폭력대화는 불가능하지만, 만약 자극과 반응 사이에 공격적 자극을 평화적 반응으로 만들 수 있는 것이 있다면 비폭력대화는 가능하다. 인간사회에서는 이 자극과 반응 사이에 폭력의 악순환을 끊어낼 수 있는 무언가가 존재한다. 로젠버그는 에티 힐레줌이라는 나치 포로수용소에서조차도 연민을 유지한 사람의 예를 든다.

> 나는 여간해서는 겁을 먹지 않는다. 그것은 내가 용감해서가 아니라 내 앞에 있는 상대 역시 같은 인간이라는 것을 알기 때문이다. 그래서 그 사람이 무슨 행동을 하든 최대한 이해하려고 노력해야 한다는 것을 안다. 그것이 오늘 아침에 있었던 일의 실제적인 요점이다. 불만에 가득 찬 젊은 게슈타포 장교가 내게 소리를 질렀을 때, 나는 분노를 느끼기보다 오히려 그에게 진정으로 연민을 느꼈다. 그래서 나는 이렇게 물어보고 싶었다. '당신의 어린 시절은 매우 불행했나요? 여자 친구가 당신을 실망시켰나요?' 분명히 그는 지쳐 보였고, 우울하고 허약해 보였다. 그때 나는 그 젊은 장교를 그 자리에서 치유해 주고 싶었다. 왜냐하면 이런 가엾은 젊은이들을 인간 사회에 풀어 놓았을 때, 그들이 얼마나 위험한 존재가 될 수 있는지를 나는 알기 때문이다. - 에티 힐레줌, <<회고록>>에서[105]

누군가 공격적으로 다가올 때, 방어적이나 대응공격적으로 나서지 않을 수 있는 방법은 사람에 대한 연민이다. 그리고 그 연민은 자극과 반응이 폭력의 악순환에 빠지지 않게 만든다. 비폭력대화는 연민을 구체화하는 대화방법이다. 비폭력대화 모델의 네 가지 요소를 로젠버그는 관찰, 느낌, 욕구, 부탁으로 제시한다.[106]

관찰의 단계는 상대방의 말과 행동을 판단이나 평가 없이 있는 그대로 보고 진술

105 같은 글, 24.

106 같은 글, 29.

하는 것이고, 느낌의 단계는 상대방의 말과 행동에 자신이 어떻게 느꼈는지를 상술하는 것이며, 욕구의 단계는 자신의 느낌이 자신 안에 어떤 욕구를 불러일으키는지를 진술하는 것이고, 부탁의 단계에서는 자신의 삶의 풍요를 위해 다른 사람들에게 원하는 것을 요청하는 것이다.[107]

(1) 관찰의 단계

관찰의 단계에서는 관찰과 평가를 잘 구분지어 평가와 분리된 관찰과 평가가 내재된 관찰을 분별해야 한다. 관찰이 평가와 혼합되어 사용되면 폭력적인 표현과 시각이 대화에 끼어들게 되고 비폭력대화를 어렵게 만든다. 관찰을 평가 없이 있는 그대로 하는 일은 쉽지 않다. 그러나 평가가 계속 표현에 개재되고 관찰의 언어가 축소된다면 상대방과의 대화는 요원하게 된다. <표9>는 평가와 관찰이 어떻게 분리되어 표현될 수 있는지 보여준다.

<표9> 평가가 섞인 관찰과 분리된 관찰[108]

	표현에 쓰는 말	평가가 섞인 관찰	평가와 분리된 관찰
1	'~이다' 표현 평가자가 자신이 그렇게 평가한 까닭을 표현하지 않을 때	너는 아주 후한 사람이다.	점심 먹을 돈을 전부 다른 사람에게 주는 것을 보니, 너는 아주 후한 사람이라는 생각이 든다.
2	평가가 들어 있는 풀이말을 쓰는 것	그는 늑장을 부려.	그는 시험 보기 전날 밤에만 공부를 한다.
3	다른 사람의 생각, 느낌, 의도나 욕구에 대해 자신이 추측한 것만이 사실이라고 암시하는 말	그 사람은 그 일을 제때 못 끝낼 거야.	내 생각에는 그가 일을 제때 못 끝낼 것 같아. (혹은) 그가 "나는 이 일을 제때 못 끝낼 거야."라고 말하는 것을 들었다.

107 같은 글, 29-30.

108 같은 글, 67-68.

4	사실과 추측을 혼동	균형 잡힌 식사를 하지 않으면 건강을 해치게 된다.	네가 균형 잡힌 식사를 하지 않으면 건강을 해칠까봐 걱정돼.
5	지칭 대상이 구체적이지 않을 때	소수민족 사람들은 집 관리를 소홀히 해.	나는 은행로 16번지에 사는 소수민족 일가족이 집 앞에 쌓인 눈을 치우는 걸 본 적이 없어.
6	사실을 나타내지 않고, 능력을 나타내는 표현을 쓰는 것	그는 형편없는 축구선수야.	그는 20차례 경기에 나가서 한 골도 넣지 못했어.
7	형용사나 부사를 평가로 쓰였다는 것을 밝히지 않고 쓰는 것	그는 못생겼어.	나는 그의 외모에 끌리지 않아.

관찰과 평가가 다른 점을 위의 표에서 살펴보았다. 그렇다면 관찰과 평가를 실제로 연습하며 평가가 최대한 배제된 관찰을 시도해 보자.

관찰과 평가 연습문제[109]

	표현	관찰	평가
1	상우는 어제 이유 없이 내게 화를 냈다.		
2	소라는 어제 저녁에 텔레비전을 보면서 손톱을 물어뜯었다.		
3	용준이는 회의 시간에 내 의견을 묻지 않았다.		
4	우리 아버지는 좋은 분이다.		
5	영애는 일을 너무 많이 한다.		
6	민수는 공격적이다.		
7	동원이는 나를 무시한다.		
8	우리 아이는 이를 자주 닦지 않는다.		
9	상희는 내게 노란색 옷이 어울리지 않는다고 말했다.		
10	이모는 나와 이야기할 때마다 불평을 한다.		
11	우리 아이는 말을 듣지 않는다.		
12	그는 좋은 학교를 나왔다.		

109 같은 글, 67-68.

관찰과 평가 연습문제[110]

평가/관찰		근거	관찰의 표현
1	평가	"이유 없이"	"상우는 내게 화났다고 말했다." "상우는 주먹을 탁자를 쳤다."
2	관찰	평가 없는 표현	
3	관찰	평가 없는 표현	
4	평가	"좋은 분"	"지난 25년간 우리 아버지는 월급의 10분의 1을 자선단체에 기부하셨다."
5	평가	"너무 많이"	"영애는 이번 주에 60시간 넘게 일했다."
6	평가	"공격적"	"민수는 여동생이 텔레비전 채널을 돌리자 때렸다."
7	평가	"무시한다"	"동원이는 내가 전화를 세 번 걸고 문자 메시지를 보냈는데 답이 없었다."
8	평가	"자주"	"우리 아이는 이번 주에 두 번 자기 전에 이를 닦지 않았다."
9	관찰	평가 없는 표현	
10	평가	"불평을 한다"	"이모는 이번 주에 세 번 내게 전화를 걸었다. 그리고 그때마다 사람들이 자신을 대하는 태도가 싫다고 말했다."
11	평가	"말을 듣지 않는다"	"내가 아이에게 이번 주말에 할머니집에 가자고 했을 때 싫다고 했다."
12	평가	평가 없는 표현	

(2) 느낌의 단계

비폭력대화를 위해서는 느낌을 표현하는 훈련이 중요하다. 일상생활에서 느낌을 표현하기보다는 생각을 느낌으로 착각하고 표현하기 쉽다. 다시 말해서 자신의 솔직한 느낌을 표출하기보다는 다른 이미지를 통해서 표현하기 때문에 갈등을 증폭시킨다. 예를 들면, 상사와의 관계에서 대화라기보다는 '벽'을 느낀다고 할 때, 벽을 느꼈기 때문에 감정표현이라고 생각되지만, 실제로는 자신의 느낌은 벽이라는 표현에 감춰있다. 정서적으로 좀 더 친밀한 관계를 갖고 싶은데 그렇지 못하다는 느낌을 '벽'으로 표현하게 되는

110 **같은 글**, 73-75.

데, '벽'이라는 표현은 상대방을 비난하는 느낌을 갖게 하기 때문에 건설적인 대화에 방해가 된다. 대화에서는 "좀 더 친밀한 관계를 갖고 싶은데"라는 표현을 하게 될 때, 상대방도 공격이나 비난으로 받아들이지 않고 대화에 참여할 수 있다. 자신을 드러내는데 생각보다는 느낌을 구체적이고 명확하게 표현하도록 다음의 연습문제를 풀어보자.

느낌과 생각 연습문제[111]

표현		느낌	생각
1	당신이 나를 사랑하지 않는 것같이 느껴져.		
2	네가 떠난다니 슬프다.		
3	아빠가 그렇게 큰소리로 말할 때는 무서워요.		
4	그 사람이 나를 보고도 아는 체를 하지 않으면 무시당한 것처럼 느껴져.		
5	네가 올 수 있다니 기쁘다.		
6	너를 한 대 때려주고 싶은 느낌이야.		
7	나는 오해를 받고 있는 느낌이다.		
8	당신이 우리들을 위해서 해준 것에 대해서 좋게 느껴요.		
9	나는 쓸모가 없는 것 같아.		
10	빨리 하라는 소리를 들으면 조급해져요.		

연습문제에 대한 답변[112]

느낌/생각		근거	느낌표현
1	생각	"당신이 나를 사랑하지 않는다."	"나는 슬프다.", "나는 외롭다."
2	느낌	"슬프다."	
3	느낌	"무섭다."	
4	생각	"무시당했다."	"~면 나는 섭섭하다."
5	느낌	"기쁘다."	
6	생각	"때려주고 싶다."	"나는 네게 화가 났다."

111 **같은 글**, 73-75.

112 **같은 책**, 93-74.

7	생각	“오해를 받고 있다.”	“나는 좌절감을 느낀다.”, “실망했다.”
8	느낌	보다 구체적 느낌 표현 필요	“좋다.” 보다는 “만족스럽다.”, “힘이 난다.”
9	생각	“쓸모가 없다.”	“슬프다.”, “실망스럽다.”
10	느낌	“조급해진다.”	

(3) 욕구의 단계

대화가 갈등으로 치닫게 되는 중요한 순간은 참기 어려운 말을 들었을 때이다. 예를 들면 “당신은 내가 만난 사람 중에 가장 이기적인 인간이야!”라는 말을 듣는다면, 그 말을 뱉은 인간에 대한 분노와 화를 그에게 쏟아붓거나 혹은 자신에게로 돌리기 쉽다. 이런 말을 들었을 때, 자신을 비난하는 사람이 있고, 그 말을 한 사람을 비난하는 경우도 있고, 자신의 느낌과 욕구를 이해하고 대화할 수도 있고, 비난자의 느낌과 욕구를 인식하고 반응할 수 있다. 자신을 비난하거나 비난자를 비난하는 일은 일상의 관계에서 자주 목격된다. 그러나 비폭력 대화를 위해서는 자신이나 비난자의 요구와 느낌을 이해하고 그 이해 속에서 대화를 시도한다. 자신의 느낌과 욕구를 인식하는 차원에서는 “제가 당신이 만난 사람 중 가장 이기적인 사람이라는 말을 듣고 마음이 아팠습니다. 왜냐하면 당신이 원하는 것에 대해 제가 얼마나 노력했는지 인정받고 싶었기 때문입니다.”라고 이야기하며 자신의 욕구를 전달할 수 있다. 혹은 비난자의 욕구를 이해하는 차원에서는 “당신이 원하는 것에 대해서 더 배려를 받기 원했기 때문에 실망하셨나요?”라고 되물을 수 있다. 비폭력 대화를 위해서는 무엇보다도 자신의 느낌과 욕구를 제대로 인식하고 표출할 수 있어야 한다. 욕구와 비난의 연습문제를 통해서 구체적으로 욕구를 표현할 수 있는 방법을 찾아보자.

욕구와 비난 연습문제[113]

	표현	욕구/책임	상대 비난
1	중요한 회사 서류들을 회의실에 그대로 두고 나가면 정말 걱정스럽습니다.		
2	나는 서로 존중하는 것을 원하는데 당신이 그렇게 말하면 그 말이 모욕으로 들려서 정말 화가 나요.		
3	네가 늦게 와서 짜증이 나.		
4	저녁시간을 함께 보내고 싶었는데 오지 않는다고 하니까 섭섭하네요.		
5	네가 하겠다고 약속한 일을 하지 않아서 정말 실망스러워.		
6	지금쯤 작업이 많이 진행됐으면 했는데 그렇지 못해서 걱정이에요.		
7	때때로 사람들이 하는 사소한 말에 상처를 받아요.		
8	네가 그 상을 타서 정말 기뻐.		
9	아빠가 소리를 지르면 겁이 나요.		
10	아이들이 오기 전에 집에 도착하고 싶었는데 저를 집까지 태워다주신다니 고마워요.		

연습문제에 대한 답변[114]

나의욕구/상대비난		근거	욕구표현
1	비난	"정말 걱정스럽습니다."	"회사 서류들을 회의실 바닥에 그대로 놓고 가면 화가 나요. 왜냐하면 우리 회사의 서류는 모두 이용하기 쉽고 안전하게 보관되기를 원하기 때문이에요."
2	욕구	"서로 존중하는 것을 원하는데"	
3	비난	"네가 늦게 와서 짜증이 나"	"우리가 앞자리에 을 수 있기를 바랐기 때문에 실망스러워."
4	욕구	"함께 보내고 싶었는데"	

113 같은 책, 121.

114 같은 책, 122-23.

5	비난	"네가 하겠다고 약속한 일을 하지 않아서"	"나는 너의 말을 신뢰할 수 있기를 바라기 때문에 네가 약속한 일을 하지 않으면 정말 실망스러워."
6	욕구	"많이 진행됐으면 했는데"	
7	비난	"사람들이 하는 사소한 말에 상처를 받아요."	"나는 비판받기보다는 인정받고 싶기 때문에 사람들이 하는 사소한 말에도 마음이 아파요."
8	욕구 없음	"네가 그 상을 타서 정말 기뻐"	"네가 그 일에 들인 노력이 인정받기를 바랐기 때문에 그 상을 받았을 때 나는 정말 기뻤어."
9	비난	"아빠가 소리를 지르면 겁이 나요."	"아빠가 소리를 지르면 무섭고 겁이 나요. 왜냐하면 저는 우리집이 편하고 모두가 안전하다는 것을 믿는 것이 중요하기 때문이에요."
10	욕구	"도착하고 싶었는데"	

(4) 부탁의 단계

관찰, 느낌, 욕구와 더불어서 풍요로운 삶을 위해서 필요한 것이 부탁이다. 부탁을 할 때는 긍정적인 언어를 사용하고, 명확한 표현으로, 구체적인 행동언어로 요청을 해야 도움을 받기 쉽다. 부탁이 강요가 되지 않도록 조심해야 한다. 부탁과 강요를 구분하는 방법은 부탁에 응하지 않았을 때 비난과 비판을 받게 되면 강요이다. 부탁이 강요가 되지 않도록, 타인에게 부탁을 할 때는 비난이나 처벌의 구도로 가지 않도록 요청하는 자세가 필요하다. 부탁이 추상적이기보다는 구체적이어 요청받은 사람이 행동에 옮기기 쉽기 때문에 다음의 연습 문제를 통해서 구체적인 부탁과 추상적인 부탁을 훈련해보자.

구체적 부탁과 추상적 부탁 연습문제[115]

	표현	구체적 부탁	추상적 부탁
1	네가 나를 이해해주기 바란다.		
2	내 행동 중에서 네 마음에 들었던 한 가지를 이야기해주면 좋겠다.		

115 **같은 책**, 159.

3	네가 좀 더 자신감을 가지기를 바란다.		
4	네가 술을 끊었으면 좋겠다.		
5	어제 회의에 대해 제게 솔직하게 말해주면 좋겠어요.		
6	제한 속도에 맞추거나 그보다 더 느리게 운전해주세요.		
7	나는 당신에 대해 좀 더 알고 싶어요.		
8	내 사생활을 존중해주기 바랍니다.		
9	저녁식사 준비를 좀 더 자주 해주면 좋겠어요.		
10	내가 집에 돌아오면 얼굴을 보고 인사를 해주었으면 좋겠어.		

연습문제에 대한 답변[116]

구체적/ 추상적 부탁		근거	구체적 부탁표현
1	추상적	"이해하다."	"내가 한 말을 어떻게 들었는지 말해주면 좋겠다."
2	구체적	"마음에 들었던 한 가지를"	
3	추상적	"자신감을 가져라."	"네가 자신감을 기를 수 있도록 '자신감 육성 훈련'에 참가했으면 한다."
4	추상적	"술을 끊었으면"	"술을 마심으로써 너의 어떤 욕구가 충족되는지 내게 말해주면 좋겠다. 그래서 너의 그런 욕구를 충족할 수 있는 다른 방법을 함께 의논했으면 한다."
5	추상적	"솔직하게 이야기하다."	"네가 내 행동에 대해 어떻게 생각하는지 말해주었으면 한다. 그리고 또 내가 무엇을 어떻게 고쳤으면 하는지 말해주면 좋겠다."
6	구체적	"제한속도나 그보다 더 느리게"	
7	추상적	"당신에 대해"	"일주일에 한 번은 저와 함께 점심식사를 할 마음이 있는지 알고 싶어요."
8	추상적	"사생활 존중"	"내 사무실에 들어오기 전에 먼저 노크를 해주시겠어요?"
9	추상적	"좀 더 자주"	"매주 월요일에는 저녁 준비를 해주면 좋겠어요."

116 같은 책, 160-61.

10	구체적	"얼굴을 보고 인사를 해 주었으면"	

(5) 공감으로 듣는 단계

공감으로 듣는 단계는 다른 사람의 부탁에 귀 기울이는 단계이다. 조언과 안심에 앞서서 상대방의 이야기를 깊이 공감하며 듣는 자세가 중요하다. 공감에 방해가 되는 대화의 자세는 조언하기, 한술 더 떠서 자신이 경험한 더 심각한 얘기하기, 가르치기, 위로하기, 화제를 돌려서 다른 얘기하기, 말을 끊기, 동정하기, 심문하기, 설명하기, 바로잡기 등이 있다.[117]

문제를 해결해 주는 방법보다는 대화 상대자와 함께 있는 자세로 경청하는 것이 더 도움이 된다. 공감으로 경청하는 자세가 어떤 것인지를 연습문제를 통해서 한번 살펴보자.

공감 연습문제[118]

	표현	구체적 부탁	추상적 부탁
1	갑: 내가 왜 그렇게 바보 같은 짓을 했을까? 을: 완벽한 사람은 없어. 너 자신을 너무 심하게 대하지 마!		
2	갑: 내 생각으로는 외국인 노동자들을 모두 자기 나라로 돌려보내야 해. 을: 정말 그렇게 하면 해결되리라고 생각하니?		
3	갑: 너는 신이 아니야! 을: 너는 이 문제를 다르게 볼 수도 있다는 걸 내가 받아들였으면 해서 짜증이 나니?		
4	갑: 너는 나라는 존재를 당연하게 생각해. 나 없이 네가 어떻게 살아갈지 궁금하다. 을: 아니야! 나는 너를 당연하게 생각하지 않아.		
5	갑: 네가 나한테 어떻게 그런 말을 할 수 있어? 을: 내가 이런 말을 해서 마음이 상했니?		

117 **같은 글**, 167-68.

118 **같은 책**, 191-92.

6	갑: 남편을 생각하면 정말 화가 나요. 내가 필요할 때는 늘 옆에 없어요. 을: 남편이 좀 더 당신 곁에 있어야 한다고 생각하세요?		
7	갑: 몸무게가 점점 늘어나서 아주 짜증 나. 을: 달리기를 하면 도움이 될지도 몰라.		
8	갑: 딸아이 결혼 준비 때문에 걱정돼서 죽겠어. 신랑 쪽 집안사람들은 도움이 안 돼. 그 사람들은 결혼식 계획을 자꾸 자기들 마음대로 바꿔. 을: 신랑 쪽 사람들이 계획을 바꿀 때마다 네가 얼마나 힘든지 그 사람들이 좀 이해해주기를 바라기 때문에 속상해?		
9	갑: 친척들이 아무 연락도 없이 불쑥 찾아오면 내 생활을 침해받은 것 같은 느낌이 들어. 그리고 이런 일이 있을 때마다 예전에 부모님이 내 생각을 무시하면서 당신들 마음대로 내 일을 결정하던 게 떠올라. 을: 네 마음이 어떤지 알 수 있어. 나도 그런 기분이 들곤 했어.		
10	갑: 실적이 실망스럽군요. 지난달 그쪽 부서가 생산량을 두 배로 올려주었으면 했는데……. 을: 실망하시는 걸 이해합니다. 하지만 저희 부서 직원들이 병으로 결근을 많이 했습니다.		

연습문제에 대한 답변[119]

공감/비공감		근거	공감 표현
1	비공감	안심	"좀 더 깊이 생각하고 행동했으면 해서 실망스럽니?"
2	비공감	가르침	"그 문제에 대한 어떤 해결방법이 있었으면 해서 걱정이 되니?"
3	공감		다르게 이해하고 있다는 것 인정 요청 인지.
4	비공감	방어	"네가 하는 일들에 대해서 감사와 인정을 받고 싶어서 실망스럽니?"
5	비공감	책임	"네가 제안한 대로 내가 따라주었으면 해서 마음이 상했니?"
6	공감/ 비공감	부분적 공감	"좀 더 함께 있기를 원하기 때문에 화가 나세요?"
7	비공감	조언	"네가 원하는 몸무게를 유지하고 싶기 때문에 속상해?"
8	공감		계획을 바꿀 때마다 힘든 점을 공감

119 **같은 책**, 193-94.

9	비공감	자기 느낌	"너의 사생활에 대한 존경과 배려를 원하기 때문에 짜증 나?"
10	비공감	자기 관심	"기대하신 대로 이루어지기를 원했기 때문에 실망스러우세요?"

5. 나오는 말

기독교 인성교육은 우리 시대에 기독교 대학들이 강조하고 교육해야 할 분야이다. 혐오, 갈등, 배제가 일상화된 현실에서 기독교가 이 파괴적인 흐름에 제동을 걸지 않는다면 한국 사회는 폭력에 의해 큰 어려움을 겪게 될 것으로 보인다. 교회의 역할과 기독교 대학의 역할이 중요시되는 이유가 여기에 있다. 인성교육이 국민이나 대학생들을 통제의 대상으로 보고 교육하기보다는 경쟁과 갈등이 증폭되고 있는 시기에 함께 더불어 살아가는 방법을 교육하는 것이어야 한다. 기독교 윤리적으로 볼 때, 혐오와 배제가 일상화된 현실에서 가장 시급하게 회복되어야 할 인성은 비폭력적인 대화 방법의 습득이다. 혐오나 왕따 등의 현상은 폭력적 대화 및 관계에서 비롯된 것으로, 건강한 공동체를 위해서 시급하게 극복되어야 한다.

비폭력적 대화는 자아를 긍정하고, 타자를 배려하며, 건강한 공동체를 구성하는 하나의 유익한 방법이다. 편견 없이 관찰하고, 생각보다는 느낌을 표현하며, 자신의 욕구를 분명하게 설명하고, 자신이 원하는 바를 부탁하는 비폭력대화 방법은 그 훈련을 통해서 다양한 덕들을 습득하게 할 것이고, 갈등이 첨예화되고 있는 시대에 갈등을 완화시키고 건설적인 방향으로 대화를 이끌어가며 문화를 변혁시켜 갈 수 있는 한 대안이 될 것이다.

4. 기독교 인성교육 - 성경 내러티브 / 드라마 인성교육

1. 들어가는 말

일반적 인성교육과의 변별점을 가진 기독교적 인성교육이 대두되어야 한다는 요청이 지속적으로 제기되고 있다. 기독교적 인성교육은 일반 인성교육과 세계관, 인간관, 인성관, 인성덕목 등에서 현격한 차이를 가진다. 그리고 이러한 상이한 토대와 출발점을 가지기 때문에 기독교 인성교육은 인성교육의 방법에 있어서도 상당한 차이점을 가질 수밖에 없다.

기독교 인성교육에 있어서 인성교육의 본질은 성경에 근거할 수밖에 없다. 그래서 심지어 기독교 인성교육을 '성경적 인성교육'이라 부르는 경우도 볼 수 있다. 그처럼 기독교 인성교육에서 성경이 차지하는 위상은 절대적이다. 성경은 기독교 인성교육의 본질을 이루고 전망을 제시할 뿐 아니라 기독교 인성교육의 방법에서도 중요한 위치를 가지고 있다. 기독교 인성교육의 가장 좋은 방법은 성경공부를 하는 것이다.

실로 수많은 성경연구, 성경공부가 이루어지고 있다. 성경을 공부하는 방법도 다양다종하다. 대부분의 성경공부는 이론적인 지식의 학습에 그치지 않고 전인의 변화, 인성의 변화를 지향한다. 그러므로 거의 모든 성경 공부는 그 자체 인성교육의 일환인 것이다. 그러나 성경공부의 초점을 인성교육으로 맞추어 진행하는 그러한 성경공부에 관한 프로그램은 많지 않다. 최근에서야 기독교적-성경적 인성교육에 대한 요구가 제시되고 있지만, 성경에 기초하면서도 인성교육에 대한 최근의 요구에도 부족하지 않은 - 오히려 일반적인 인성교육에 시사점을 주는 - 그러한 성경에 근거한, 성경을 통한 인성교육의 대표적인 모델의 수립은 아직까지 이루어지지 않았으며, 이러한 성경에 근거한, 성경을 통한 인성교육의 모델의 수립은 절실한 문제이다.

2. 선행연구

대부분의 기독교 인성교육에 대한 연구자들은 성경에서 기독교 인성교육의 본질을 찾는다. 대부분의 연구자들은 기독교의 인간관에서 인간을 "하나님의 형상"(imago dei)으로 보는 것이라는 점에 동의하며, 기독교 인성교육의 목표가 하나님의 형상의 회복이라는 점에 동의한다. 일반적인 인성교육과 변별되는 기독교 인성교육의 본질과 목표를 성경에서 찾은 점에 대해서는 연구자들의 공적이 있다고 할 수 있겠다. 그러나 하나님의 형상이 무엇인가에 대한 더 깊은 탐구와 논의는 별반 이루어지지 않았다는 한계점을 지닌다. 기독교 인성교육의 본질과 목표가 하나님의 형상의 회복이라면 이에 대한 더 깊은 연구와 성찰이 성경을 통해서 이루어져야 할 것이다.

대다수의 연구자들은 성경을 통해 기독교 인성교육의 덕목을 규정하려고 노력한다. 대체적으로 거의 모든 연구자들이 제시하는 기독교 인성교육의 덕목은 성령의 9가지 열매이다.[120] 연구자에 따라서는 산상설교의 팔복과 베드로전서의 신적 성품에서 기독교 인성교육의 덕목을 찾는 사람도 있다. 이러한 덕목의 수립은 기독교 인성교육에서 덕목의 연구와 그 실현에 초점을 맞추게 한다.

성경을 통한 인성교육의 덕목의 수립이라는 측면에서 가장 주목할 만한 연구는 강용원의 "기독교 인성교육의 성경적 기초"(2015)이다.[121] 강용원은 기독교 인성교육을 위한 성경적 기초를 이루는 본문으로 마태복음 5:3-11(팔복); 갈라디아서 5:22-23(성령의 9가지 열매); 베드로후서 1:5-7(신적 성품)의 세 곳의 말씀을 거론한다. 그리고 고린도전서 13장도 기독교 인성교육에 있어서 특별히 중요한 성경 말씀이 될 수 있음을 시사한다.

필자는 이와 같은 덕목 중심의 기독교 인성교육도 중요하고 필요하다고 본다. 이러한 논의들은 기독교 인성교육의 본질과 토대를 이룬다. 그리고 이 덕목을 목표로 해서 교육 프로그램을 개발한다면 소기의 성과를 거둘 수 있으리라고 본다. 그럼에도 불구하고 필자는 덕목을 중심으로 해서 성경적 기독교 인성교육을 시행하려 할 때 성경과 성경 공부에 있어서 놓치는 부분이 많다고 판단한다.

---

120 장화선, 47-76; 강용원, 361-98; 주연수, 77-115; 김정희, 265-86; 신승범, 521-43.

121 강용원, 361-98.

첫째, 이러한 접근법은 지나치게 명제 중심적이며, 성경에서 상당한 비중을 차지하는 내러티브적 특성을 합당하게 대우하지 않는다는 문제점이 있다.

둘째, 덕목 중심의 접근법은 성경이 제시하고 있는 바 인성교육의 유용한 자원인 사람들을 놓치고 있다. 성경은 인간이 하나님의 형상이라는 인간관만을 가지고 있는 것 아니라, 구체적인 사람들이 존재한다. 아담, 노아, 아브라함, 모세, 다윗, 예언자들, 그리고 예수 그리스도와 사도들이 있다. 이외에도 성경에는 무수한 인물들이 등장한다. 그들의 이야기에서 덕목보다도 더 생생한 인성교육이 이루어질 수 있는 것이다. 인성교육에 있어서는 사람에 관한 명제나 사람에 관한 관점을 깨닫는 것도 중요하지만 사람 자신을 보고 만나는 것이 매우 중요하다는 사실을 강조하고 싶다.

셋째, 일반적인 인성교육도 마찬가지겠지만, 성경에 근거하고 성경을 활용하는 기독교 인성교육에 있어서도 지식의 습득의 요소보다는 참여를 통한 전인적인 변화가 더 중요하다. 여전히 여러 성경공부나 인성교육을 살펴보면 지식 학습이나 강의를 통한 정보전달의 방식을 취하는 경우가 많다. 그러므로 오히려 참여적인 성경을 통한 기독교 인성교육의 모델이 필요한 것이다.

필자는 선행연구와 선행연구의 여러 가지 한계점을 고려하여 성경의 내러티브를 드라마화하고 그것을 상담과 연결시킨 후 인성교육적 의의를 접목시키는 성경을 통한 기독교 인성교육의 모델을 제안하고자 한다.

3. 이론적 배경

필자가 제안하고자 하는 성경을 통한 기독교 인성교육 모델은 '성경 내러티브-드라마 인성교육'이라고 이름붙일 수 있겠다. 성경의 내러티브를 자세하게 관찰하고, 그 관찰된 내러티브를 연극을 통해서 드라마화한다. 이어 그렇게 이해된 성경 이해를 기반으로 상담적인 세션을 거치며, 지지적 공동체를 확립하며 최종적으로 인성교육적인 차원으로 정리된다. 성경 내러티브-드라마를 통한 기독교 인성교육은 몇 가지 이론적인 배경을 가지고 있다.

1) 성경 내러티브 연구 및 이야기 성경공부[122]

'성경 내러티브-드라마 인성교육'의 첫 번째 배경은 성경 내러티브 연구이다. 성경학에서는 오랫동안 역사비평이 지배적이었었다. 그러다가 20세기 후반부터 문학 비평, 그중에서도 성경에 대한 내러티브 비평(narrative criticism)이 새롭게 부상하여 오늘날에 이르기까지 혁혁한 연구 성과를 내고 있다.[123]

내러티브 비평은 서사학(Narratology)이라는 이론적 기초를 가지고 있다. 서사학은 아리스토텔레스의 『시학』으로부터 시작되지만 현대에 와서 프롭(V. Propp),[124] 브레몽(C. Bremond),[125] 즈네트(G. Genette), 토드로프(T. Todrov),[126] 채트먼(S. Chatman),[127] 발(M. Bal),[128] 리먼-케넌(S. Rimmon-Kenan)[129] 을 통해 급속한 발전을 이루었다. 특히 채트먼은 **스토리와 담**

122 이 절(1.1.1.)의 내용은 김춘이, 김재현, **놀라운 예수: 마가복음 서사읽기**(부산: JUSTJOY, 2020), 17-27을 요약한 것이다.

123 D. F. Tolmie, **서사학과 성경 내러티브: 실재 지침서**, 이상규 역 (서울: CLC, 2008).

124 V. Propp, **민담형태론**, 황인덕 역 (서울: 예림기획, 1998).

125 A. Bremond, "서사 가능성의 논리," **현대 소설의 이론**, 김형욱 편, 최상규 역 (서울: 예림기획, 1997), 192-225.

126 박진, "토도로프의 서사이론: 서사시학의 성과와 한계," **한국문학이론과 비평** 19 (2003): 130-56.

127 S. Chatman, **원화와 작화**, 최상규 역 (서울: 예림기획, 1998).

128 M. Bal, **소설이란 무엇인가**, 성충훈, 송병선 역 (울산: 울산대학교출판부, 1997),

129 S. Rimmon-Kenan, **소설의 현대 시학**, 최상규 역 (서울: 예림기획, 1999).

론(Story and Discourse)에서 이전의 서사학적인 성과를 총 집성해서 "서사학의 새로운 종합"을 이룩한다.

내러티브 비평의 핵심적인 사항은 다음과 같다.

먼저 내러티브라는 스토리와 담론으로 이루어져 있음을 파악하는 것이 중요하다. 스토리는 내용(what)을, 담론은 이야기를 전하는 방식(how)을 의미한다.

내러티브(narrative)	
스토리(story) = 등장인물, 사건, 배경	담론(discourse)

(1) 등장인물을 조사하는 방법을 흔히 성경묘사(Characterization)라고 부른다. 맥콜리(R. Macauley)와 래닝(G. Lanning)이라는 사람은 인물구성을 조사하는 범주를 다음과 같이 정리한다: ① 육체적인 외모 ② 동작, 제스처, 버릇, 습성 ③ 타인에 대한 행동 ④ 말씨 ⑤ 자신에 대한 태도 ⑥ 그 인물에 대한 타인의 태도 ⑦ 물질적인 환경 ⑧ 과거 ⑨ 이름 또는 비유 등의 외변 기법. 10번째를 추가하면 ⑩ 의식의 흐름 기법이 있다.[130] 리몬-케넌(S. Rimmon-Kenan)은 등장인물의 성경묘사를 행동, 담화, 외모, 물리적 환경, 유비의 다섯 가지로 규정한다.[131] 리몬-케넌의 성격묘사 방법이 보다 실용적이라고 생각된다. 흔히 내러티브 비평에서는 인물을 주인공, 반대자, 조력자로 나누고, 또 원형 등장인물(round character), 평면적 등장인물(flat character), 또 일시적 등장인물(stock character)로 나눈다. 일시적 캐릭터 가운데 전체 이야기에서 큰 역할을 하는 등장인물도 있다. 어떤 일시적 등장인물은 전체 내러티브에는 기여하지 못하지만, 에피소드에서는 중요한 역할을 담당한다.

(2) 사건은 이야기에서 핵심적이다. 사건을 분석하는 첫 번째 작업은 <순서>를 체크하는 것이다. 그 다음 작업은 사건의 <인과관계>를 찾는 것이다. "왕은 죽었다. 그 후에 왕비도 죽었다." 이것은 두 사건의 연쇄이다. 인과관계를 파악한다는 것은 이 사건의 연쇄 가운데서 "왕이 죽었다. 그 후 슬픔으로 인해 왕비도 죽었다"를 읽는 것이다(E. M.

130 R. Maccauley, and G. Lanning, "인물구성(characterization)," 김병욱 편, **현대소설의 이론**, 최상규 역 (서울: 예림기획, 1997), 350-351.

131 *S. Rimmon-Kenan*, 99-100.

Forster).

채트먼(S. Chatman)은 사건에서 <핵>(Kernel, 중심사건)과 <위성>(Satellite, 주변사건)을 구분한다.[132] 핵은 핵심이 되는 사건이며 위성은 그 핵심이 되는 사건에 수반되는 부수적인 사건이다. 핵심사건을 연결하면 그대로 줄거리가 된다. 핵심사건을 규정하고 그 사건 사건마다 등장인물들의 선택을 조사해보면 이야기의 뼈대가 드러나게 된다. 핵과 위성의 설정은 주관적이다. 그래서 읽는 사람에 따라서 다양한 핵과 위성이 나타나는 것이 가능하다.

(3) 배경은 <공간적 배경>, <시간적 배경>, <사회적 배경>으로 나뉜다. 맬번(E. S. Malbon)의 공간 구분은 다음의 세 가지로 이루어져 있다: ① 지정학적 공간 ② 지리학적 공간 ③ 건축학적 공간.[133] 미케 발(M. Bal)은 이야기의 공간 구성에서 실내/실외의 구분의 중요성을 강조했다. 특히 그는 실내와 실외 사이의 <경계선>이 가지는 역할을 강조한다. 사회적 배경은 역사적 문화적 정치적 생태적 연구의 결과를 참조하면 좋다.

(4) 내포저자는 내러티브로 재구성된 가공의 인물이다. 화자는 내러티브를 서술할 때, <평가관점>을 가지고 있다. 화자는 <기법>을 활용한다. 화자의 기법은 상징, 유형론, 아이러니에서 잘 드러난다. 화자의 이데올로기적 측면을 조사하는 것도 중요하다.

(5) 내포독자는 내포저자가 내러티브를 말할 때 염두에 둔 이상적인 독자이다. 내포독자를 재구성하는 것 역시 내러티브 이해에서 중요하다. 최근에는 점점 더 독자에 대한 관심이 높아지고 있다. 독자를 재구성하면 이야기가 다르게 보일 수 있다. 하지만 이야기 내에서 독자를 재구성하지 않고 실재독자를 강조하면 독자-반응비평이나 이념비평이 되어 내러티브 비평의 영역을 넘어서게 된다.

성경 내러티브 연구가 학문적인 측면을 가지고 있다면, 성경 내러티브를 기반으로 한 이야기 성경공부는 성경 내러티브 비평을 성경공부의 차원으로 적용한 것이다.[134] 필자는 앞에서 밝힌 것처럼 성경을 통한 기독교 인성교육을 실시함에 있어 덕목보다는 성경 내러티브가 우선적으로 다루어져야 한다고 본다.

---

132 S. Chatman, 67-68. 채트먼은 이를 핵과 위성이라고 불렀다. 핵과 위성은 바르트(R. Barthes)의 noyau와 catalyse를 번역한 것이다. Powell, **『서사비평이란 무엇인가?』**, 189. 미주 3.

133 E. S. Malbon, *Narrative Space and Mythic Meaning in Mark* (San Francisco: Harper & Row, 1986).

134 이야기 성경공부에 관해서는 김춘이 외, **성경 서사 읽기의 이론과 실제** (대구: 계명대학교출판부, 2013) 참조.

2) 성경 이야기 상담

'성경 내러티브-드라마 인성교육'의 두 번째 이론적 배경은 성경 이야기 상담이다. 성경 이야기 상담은 성경 이야기 연구와 상담연구가 결합하여 형성된 상담 이론 및 기법이다. 성경 이야기 상담은 성경 안에 있는 이야기를 상담에 사용하여 상담 효과를 얻고자 하는 상담이다. 성경 안에는 수많은 이야기가 있는데 이 이야기는 모세 오경이나 복음서 등의 개별 책 안에 있는 이야기같이 길거나 짧은 개별적 이야기도 있고 전체적으로 이야기 형식으로 쓰인 복음서와 사도행전 같은 분야도 있다. 성경 이야기 상담은 성경 이야기와 내담자 이야기 간의 관계성에 착안한 상담이다. 성경 이야기와 내담자 이야기 사이에는 유사성이 있고, 이 유사성을 잘 활용하면 내담자의 삶에 역동적인 변화를 가져올 수 있다. 이는 성경 이야기가 내담자의 이야기에 영향을 미치고 그 삶을 변화시킬 수 있음을 말해 준다. 성경 이야기 상담의 대표적인 저서는 오우성, 박민수의 **성경 이야기 상담**이다.[135] 이 책에는 가능한 여러 가지 이론과 기법을 사용해서 효과적인 성경 이야기 상담 이론과 방식을 개발되어 있다.

성경 이야기 상담의 단계와 기법은 다음과 같다.

1단계: 문제 파악
2단계: 성경 이야기 선정
3단계: 서사적 읽기
4단계: 인력 탐구
5단계: 조명자료 발견
6단계: 조명자료 강화
7단계: 재저작
8단계: 지지적 신앙 소그룹 형성

8단계에 대한 요약된 설명은 **성경 이야기 상담 실습가이드**에 잘 수록되어 있다. 그

135 오우성, 박민수, **성경 이야기 상담** (서울: 시그마프레스, 2014).

내용은 다음과 같다.[136]

1단계 문제 파악 : 문제파악은 '내담자가 어떤 문제를 가지고 있는가?'를 파악하는 단계입니다. 내담자의 주 호소 문제 파악은 상담자와 내담자의 협력적인 관계에서 이루어집니다.

2단계 성경 이야기 선정 : 파악한 내담자의 문제와 유사한 성경 이야기를 선정하는 단계입니다. 일단 내담자의 주 호소 문제를 파악하였다면, 상담자는 내담자와 함께 주 호소 문제와 관련이 있는 성경 이야기를 선정하여야 합니다.

3단계 서사적 읽기 : 이 단계는 내담자와 함께 선정한 성경 이야기를 서사적으로 읽는 단계입니다. 여기서 서사적으로 읽는다는 것은 성경 이야기를 이야기 형식으로 읽는 것을 의미합니다. 내담자가 성경을 이야기 형식으로 읽음으로 그 성경 이야기 세계 속으로 들어가서 그 세계를 체험하는 단계입니다.

4단계 인력 탐구 : 인력 탐구는 성경 이야기 세계 속으로 들어가서 내담자에게 끌리는 이야기의 요소를 찾는 단계입니다. 이 단계는 성경 이야기 가운데서 내담자가 가장 끌리는 이야기의 구성 요소가 어떤 것인가, 그리고 그 끌리는 정도가 얼마만큼 되는가 하는 것을 파악하는 단계입니다. 인력 탐구는 내담자의 문제를 해결하는 데 있어서 중요한 단서가 된다고 할 수 있습니다.

5단계 조명자료 발견: 상담자는 내담자가 인력을 느끼는 부분에서 성경적이고 신학적인 메시지나 자료를 발견할 수 있습니다. 우리는 이것을 '조명자료'라고 이름을 붙였습니다. 이 단계에서는 이야기의 구성 요소 가운데 내담자가 인력을 느끼는 그 부분을 좀 더 상세하게 분석하고 탐색할 수 있도록 상담자가 질문을 합니다. 그러면 내담자는 상담자의 상세한 질문을 통해서 자신의 인력을 탐색하게 되고 그 끌리는 부분에서 성경적이고 신학적인 메시지를 발견할 수 있

136 오우성, 박민수, **성경 이야기 상담 실습가이드** (서울: 시그마프레스, 2015), 9-13.

습니다.

6단계 조명자료 강화 : 조명자료가 성경적이고 신학적인 메시지로서 내담자의 삶을 변화시킬 만한 힘을 가지기 위해서는 조명자료가 강화되어야 합니다. 그러면 '조명자료는 어떻게 강화시킬 수 있는가?' 조명자료를 강화하기 위해서는 조명자료에서 발견한 성경적이고 신학적인 메시지와 관련이 되는 다른 성경 이야기나 성경 말씀 또는 찬송가를 통해 신학적 교훈을 찾아야 합니다. 또한 내담자 자신의 삶에서 발견하게 되는 어떤 신앙적이고 영적인 체험 등도 강화하는 자료로 사용할 수 있습니다.

7단계 재저작: 재저작이라는 것은 강화된 조명자료를 가지고 내담자가 자신의 삶을 새롭게 조명하여 구성하는 것을 말합니다. 재저작된 삶은 내담자의 지배적인 문제 이야기와 대조되는 대안적인 이야기라 할 수 있습니다. 내담자가 성경적인 관점으로 자신의 삶을 새롭게 비추어본다는 것은 자신의 인생을 바라보는 지배적인 관점이 바뀐다는 것을 의미합니다.

8단계 지지적 신앙 소그룹 형성: 내담자가 재저작한 삶은 내담자 홀로 살아내기가 어렵습니다. 그래서 상담자는 내담자가 재저작한 삶을 계속 유지하고 문제 해결을 해나갈 수 있도록 지지적인 신앙 소그룹을 만들어 주어야 합니다. 이 단계에서 중요한 것은 내담자를 격려해주고, 지지해주고, 위로해주는 사람을 그 주위에 모으고 정기적으로 만나게 해 주는 것입니다.

성경 이야기 상담 실습가이드는 성경 이야기 상담을 좀 더 쉽게 적용할 수 있는 상담 매뉴얼 책이다. 이 책은 크게 두 가지 관점에 역점을 두고 집필했다. 첫째, 이 책은 상담자가 독학으로 성경 이야기 상담 기술을 익히는 것에 역점을 두었다. 둘째, 이 책은 자가 상담용으로 내담자 스스로 자신의 문제를 해결하는 것에 역점을 두었다. **성경 이야기 상담과 성경 이야기 상담 실습가이드**는 성경 내러티브-드라마 인성교육의 이론적으로 실천적 배경이 된다.

3) 텍스트-드라마를 통한 인성교육

현재 계명대학교에서는 <책으로 사람을 연출하다: 텍스트 드라마를 통한 인성교육> 수업이 진행되고 있다. 텍스트 드라마를 통한 인성교육은 텍스트, 드라마, 토론, 글쓰기를 통해서 인성에 대해서 깊이 있고 살아있는 메시지와 체험을 얻는 것을 목표로 하는 수업이다. 텍스트 드라마를 통한 인성교육은 사이코 드라마를 비롯한 연극치료,[137] 비블리오 드라마,[138] 교육연극[139] 등의 이론적 배경을 통해서 형성된 인성교육 수업이다.

인성교육은 정보에 대한 지적인 이해뿐 아니라, 경청과 공감능력 등 감성 및 행동과 관련된 부분을 포함한다. 그렇기 때문에 이론적인 강의만으로는 소기의 목적을 달성하기 어렵다. 반면에 체험 및 실습활동과 참여만으로 인성관련 내용을 깊고 풍부하게 통찰하기도 쉽지 않다. 인성교육에는 인지적 측면과 정서적 측면이 동시에 마련되고 활용되어야 한다. 따라서 두 영역의 통합적 교육과정에 대한 현실적 요청 가운데 텍스트, 드라마, 토론, 글쓰기가 결합된 인성교육 수업 모델 개발이 절실히 필요하다. 텍스트를 드라마화하는 전체적인 흐름 속에서 토론과 글쓰기를 병행하는 방식으로 수업을 진행하여 이론적 깊이를 추구하고 능동적이고 직접적인 참여 및 체험이 결합되어 인성증진 학습에 실질적 효율성을 성취할 수 있을 것이다. 이는 곧 인성교육과 글쓰기, 독서 등의 융합을 도모한다고 볼 수 있다.

137 윤일수, **가족 사이코 드라마** (대구: 중문출판사, 2014); Tian Dayton, **사이코드라마 매뉴얼**, 김세준 역 (서울: 시그마프레스, 2012); 2012; Robert Landy, **연극치료**, 이효원 역(서울: 울력, 2002; Penny McFarlane, **학교에서의 연극치료와 가족치료**, 최윤희, 지승희 공역 (서울: 시그마프레스, 2013); Sue Jennings, **수 제닝스의 연극치료 이야기**, 이효원 역 (서울: 울력, 2003); Sue Jennings, **수 제닝스 연극치료 핸드북**, 이효원 역 (서울: 울력, 2010); 지경주, **연극치료 워크북** (서울: 양서원, 2006).

138 B. Krondorfer, **비블리오 드라마**, 황헌영, 김세준 공역 (서울: 창지사, 2008); N. Rowe, **당신의 이야기로 놀아드립니다: 플레이백 시어터의 세계**, 김세준 역 (서울: 비블리오드라마, 2009).

139 R. Courtney, **교육연극 입문: 교육연극의 인지적 배경**, 김주연, 오판진 공역 (서울: 연극과인간, 2014).

단계	1단계: 독서	2단계 : 드라마			3단계: 토론	4단계: 글쓰기
내용	독서	구상 및 기획	대본작성	연습 및 공연	토론	글쓰기
목표	텍스트 이해	드라마 창작을 통해 창의성과 협동심을 기름	드라마 창작을 통해 창의성과 협동심을 기름	연극 공연을 하기 위한 연습을 통해 협동심과 리더십을 키움	토론을 통해서 쟁점과 문제의식 심화하기	글쓰기를 통해서 내면화 하기
도구	질문지를 통한 점검과 이해	브레인스토밍	인물,사건, 배경,플롯 등 서사기법을 활용한 기획지	역할 나누기 감독, 배우, 연출, 실행하기	토론용지	글쓰기 용지
보충 활동	텍스트와 연결된 나의 경험 이야기 나누기	개념지도 그리기	작가 선정 후 작가가 전체 대본 마무리	공연 준비 동영상 활용	공개 토론	인성과의 연관성을 글로 표현하게 함

4) 일반 인성교육

성경을 통한 기독교 인성교육을 시행할 때 일반 인성교육 모델과 프로그램에서 이룩한 성과들을 함께 고려해야 더욱 효과적인 모델을 수립할 수 있을 것이다. 다양한 인성교육 교과 및 비교과 프로그램에 있으나 여기에서는 계명대학교 인성 교과목인 <글로벌 시티즌십>을 주로 참고했다.[140]

글로벌 시티즌십은 바람직한 인격 형성을 목표로 계명대학교 신입생들을 대상으로 한 인성교과목 교재로서 계명 글로벌 시티즌 프로그램의 원활한 진행을 위해 총 3단계(1단계 비전교육, 2단계 소통과 공존교육, 3단계 글로벌 시티즌 소양교육) 14주 과정으로 구성되었다. 이론적인 접근보다는 실습 프로그램이 주를 이루고 있다. 글로벌시티즌십에서 개발한 과정과 기법은 다음과 같다.

140 글로벌시티즌십 교재편찬위원회, **대학생을 위한 글로벌 시티즌십** (대구: 계명대학교출판부, 2016).

1단계 비전교육

1. 오리엔테이션 친밀감 형성 - 나, 이런 사람이야
2. 비전교육 1 자아정체성 확립교육 - 나를 찾아서
3. 비전교육 2 자기이해와 비전설계교육 - 한 눈으로 보는 내 인생

2단계 소통과 공존교육

4. 소통과 공존교육 1 타인이해와 배려교육 - 내 손을 잡아봐
5. 소통과 공존교육 2 사회적 책임교육 - 다시 읽고 쓰는 세계인권선언문
6. 소통과 공존교육 3 도전 · 개척정신교육 - 빛을 여는 계명동문들

3단계 글로벌 시티즌 소양교육

7. 글로벌 시티즌 소양실습 1 소통실습 - 놀이로 통하기
8. 글로벌 시티즌 소양교육 1 다문화 윤리교육 - 글로벌 프락티쿰
9. 글로벌 시티즌 소양교육 2 공감교육 - 역지사지 역할극
10. 글로벌 시티즌 소양교육 3 다문화 감수성교육 - 글로벌 친구맺기
11. 글로벌 시티즌 소양실습 2 문제해결 공동작업 실습 - 하모니 솔루션 1
12. 글로벌 시티즌 소양실습 3 문제해결 공동작업 발표 - 하모니 솔루션 2
13. 글로벌 시티즌 소양실습 4 창의적 감수성 실습 - 나의 문자도 그리기
14. 글로벌 시티즌 소양교육 4 소통과 공존교육 - 타인의 보물찾기

글로벌 시티즌십 교육 마무리 - 소감문 쓰기

이상과 같이 성경 내러티브-드라마 인성교육은 크게 네 가지 이론적 배경을 가지고 있다. 두 가지 이론적 배경은 성경 내러티브 공부 및 상담과 관련된 것으로서 '성경'에 초점이 맞추어져 있다면, 나머지 두 가지 이론적 배경은 텍스트 드라마를 통한 인성교육과 실습형 인성교육으로서 '인성교육'에 초점이 맞추어져 있다. 필자는 이 네 가지 이론적 배경을 바탕으로 하여 성경 내러티브-드라마 인성교육을 기독교적 인성교육의 모델로 제시하고자 한다.

4. 프로그램 개요

1) 성경 내러티브-드라마 인성교육

성경 내러티브-드라마 인성교육은 성경을 이야기로 접근하여 알아 본 후 그것을 드라마화하고 상담적으로 접근한 이후 인성교육적 차원으로 마무리하는 기독교적 인성교육의 일환이다. 성경 내러티브 인성교육은 크게 네 가지 이론적 배경을 가진다. 첫째는 성경 내러티브 연구와 이야기 성경공부이다. 둘째는 성경 이야기 상담이다. 셋째는 텍스트-드라마를 인성교육이며, 넷째는 실습형 인성교육이다.

성경 내러티브-드라마 인성교육은 대부분이 실습 참여형이다. 성경 내러티브-드라마 인성교육은 총 12회기로 이루어져 있다. 비교과로 시행될 때는 12회기가 적당하며, 교과로 시행될 때는 단계를 조금 확장하면 수업에서도 사용가능하다. 각 단계와 기법의 제목은 다음과 같다.

1회차 오리엔테이션, 자기 소개하기, 별칭 짓기, 조 선정하기
2회차 성경 내러티브 읽기: 사건과 줄거리
3회차 성경 내러티브 읽기: 등장인물과 배경
4회차 성경 드라마 대본 작성
5회차 성경 드라마 연습
6회차 성경 드라마 연습
7회차 성경 드라마 공연
8회차 조명자료 나누기, 조명자료 강화
9회차 삶의 나눔과 지지적 공동체의 확립
10회차 기독교 인성 토론 및 강의
11회차 기독교 인성 질문지
12회차 글쓰기 및 마무리

(1) 1회차 오리엔테이션, 자기소개 하기, 별칭 짓기, 조 선정하기

프로그램 개요

성경 내러티브 드라마 인성교육은 실습형 인성교육을 지향하기 때문에 첫 만남이 이루어지는 오리엔테이션이 보다 더 큰 중요성을 가진다. 참가자들이 첫 만남에서 좋은 인상을 획득하고 전체 프로그램에 대한 이해가 이루어질 때 전체 12회차가 잘 진행될 수 있다.

오리엔테이션의 주된 활동목표는 성경 내러티브-드라마 인성교육 프로그램의 필요성과 의의를 인지하고 프로그램의 특성이 이론 수업이 아닌 참여적 수업임을 파악하는 것이다. 또한 프로그램에 대한 기대와 희망을 갖고 참가자들 사이에 친밀감을 형성하는 것도 오리엔테이션의 주된 활동 목표이다.

진행자가 성경 내러티브-드라마 인성교육 프로그램의 의의 및 개요를 설명한 후, 전체 12회기의 진행과정을 설명한다. 이후 ABC 질문지를 통해서 서로에 대한 기본적인 인상을 확인한다. 이어 별칭짓기 시간을 가진다.[141] 별칭짓기 프로그램은 글로벌시티즌십의 별칭짓기 프로그램을 활용하였다.

나의 별칭을 글로 표현하고 왜 그런 별칭이 생겼는가를 설명한다.

나의 별칭은 ______________________________다.

141 별칭짓기 프로그램은 글로벌시티즌십의 별칭짓기 프로그램을 활용하였다.

* 별칭의 이유:

별칭은 '예쁜이', '미소'등과 같은 명사로 짓는 것도 가능하고 '늑대와 함께 춤을……'처럼 형용사로 짓는 것도 가능하다.

모든 참가자들이 별칭을 다 짓고 설명한 다음에는 돌아가면서 별칭을 외운다. 그 다음 순서로 조를 정한다. '~옆의, ~옆의, ~옆의 ~입니다' 이런 식으로 돌아가면서 전체 참가자들의 별칭을 외워 보도록 한다.

활동자료 - ABC 질문지

알파벳	질문	대답
A	adaptation (어떤 상황에서도 적응을 잘 하는지)	
B	believe (진심으로 믿는 것은)	
C	cellphone (핸드폰 단축번호 1번은)	
D	dream (꼭 이루고 싶은 꿈)	
E	egoism (100으로 볼 때 얼마나 이기적인가)	
F	friend (진정한 친구는 몇 명이나)	
G	greet (먼저 인사하는 편인가)	
H	habit (고치지 못하는 습관)	
I	improve (성격 중 꼭 고쳐야 한다고 생각하는 것)	
J	juggle (마법사가 되었다. 뭘 하고 싶은가)	
K	kingdom (왕족으로 태어났다면 지금쯤)	
L	last (오늘이 지구 종말 하루 전이라면 뭘 할까)	
M	motte (좌우명은)	
N	name (이름은)	
O	outlook (가본 중 가장 경관이 좋았던 곳)	
P	pain (가장 고통스러웠던 기억)	
Q	quantity & quality (양이 중요한가, 질이 중요한가)	
R	refuse (딱 잘라 거절할 수 있는가)	

S	Sunday (일요일에 주로 하는 일은)	
T	test (시험에 대한 자신만의 대비책은)	
U	umbrella (가지고 있는 우산의 색깔은)	
V	vacation (방학 때 하고 싶은 일)	
W	wait (누군가를 가장 오래 기다려 본 시간)	
X	X-ray (건강검진 받아본 경험)	
Y	year (나이)	
Z	zzzz (가장 졸린 순간)	

(2) 2회차 성경 내러티브 읽기: 줄거리 요약

프로그램 개요

성경 내러티브 이해에서 가장 중요한 작업은 전체 내러티브의 줄거리를 파악하는 것이다. 이를 위해서는 전체 조원들이 내러티브 전체를 1/n로 분할하여 각자가 1페이지로 요약하는 일이 필요하다. 각 조원은 자신이 1페이지로 요약한 부분에 대해서 조원들에게 발표를 함으로써 내러티브 줄거리가 조원 전체에게 공유되게 한다. 그리고 각 자가 요약한 1페이지 요약본 합쳐서 전체 줄거리를 1페이지로 요약한다.

이후 사건과 줄거리에 대한 분석에 들어간다.

이후 사건의 분석에 들어간다.

① 사건들 사이의 <인과관계>를 찾는 것이다. 인과관계가 잘 이해가 안 되는 부분에 대해서 질문을 하고, 조원들은 그에 대해서 대답을 해 준다.

② <핵>(Kernel, 중심사건)과 <위성>(Satellite, 주변사건)을 구분한다. 핵은 핵심이 되는 사건이며 위성은 그 핵심이 되는 사건에 수반되는 부수적인 사건이다. 사건 중 <핵>(Kernel, 중심사건)이 무엇이라 생각되는지를 조원들에게 발표한다. 조원들 사이에 이견이 있을 때 그에 대해서 이야기한다.

③ 사건 중 갈등을 분석한다. 갈등에는 다음과 같은 종류의 갈등이 있다.

인물 간의 갈등
인물과 사회와의 갈등
인물과 자연과의 갈등
성경 내러티브에는 인물과 하나님 사이의 갈등도 포함된다.

활동자료 - 성경 내러티브 드라마 개별 독서 요약지

조	이름:	내가 요약한 페이지:
본문		

* 자신이 맡아 읽은 부분을 요약하시오.

활동자료 - 성경 내러티브 전체를 1page로 요약하기

조	조장:	성경 내러티브 전체 요약하기
본문		

* 자신이 맡아 읽은 부분을 요약하시오.

(3) 3회차: 성경 내러티브 읽기: 등장인물과 배경

프로그램 개요

등장인물을 조사하는 방법을 흔히 성격묘사(characterization)라고 부른다. 등장인물의 성격을 묘사하는 데 있어서는 다양한 분석자료들이 있지만, 여기에서는 보리스 우스펜스키의 분석법을 따른다.[142]

① 행동 : 공간적-시간적 측면
② 대화 : 어법적 측면
③ 생각 : 심리적 측면
④ 신념과 가치 : 이념적 측면

활동자료 - 성경 내러티브 전체를 1page로 요약하기

행동	말
생각	**감정**

142 B. Uspensky, **소설구성의 시학**, 김경수 역 (서울: 현대소설, 1992)

내러티브 비평에서는 인물을 주인공, 반대자, 조력자로 나누고, 또 원형 등장인물(round character), 평면적 등장인물(flat character), 또 일시적 등장인물(stock character)로 나눈다. 일시적 캐릭터 가운데 전체 이야기에서 큰 역할을 하는 등장인물도 있다. 어떤 일시적 등장인물은 전체 내러티브에는 기여하지 못하지만, 에피소드에서는 중요한 역할을 담당한다.

등장인물에 대해서 공감, 반감, 감정이입의 관계가 성립된다. 보통 우리는 스포츠를 볼 때 어떤 팀의 입장에 감정이입해서 본다. 한일전을 할 때도 그렇다. 그러면서 공감과 반감과 감정이입이 일어난다. 이야기를 듣거나 읽을 때도 마찬가지이다.

등장인물에 대한 심도 깊은 이해를 위해서는 가상 인터뷰를 작성하고 공연해 보는 방법도 생각해 볼 수 있다.

(4) 4회차 성경 드라마 대본 작성

프로그램 개요

성경 내러티브에 대한 이해가 나름대로 이루어졌으므로 이제 파악된 이해를 기반으로 성경 내러티브를 성경 드라마로 변형시킨다. 드라마를 만드는 작업은 조별로 협동을 통해서 이루어진다. 드라마 대본을 작성하기 전 기본적인 드라마 작법에 대한 정보를 전달하여 효과적인 드라마 대본이 구성되도록 안내한다. 드라마 작법에 대한 기본적인 전달이 이루어지고 난 다음에는 샘플 영상 시청을 하게 된다. 이전에 활동한 조원들의 발표나 유튜브에 있는 공개 동영상 자료 중 탁월한 것들을 선발하여 시청함으로써 대본을 만들고 공연을 하게 될 때의 눈높이와 기준점을 높게 제시해 준다. 이러한 샘플 영상 시청은 참여자들로 하여금 더 진지하고 열정적으로 참여하게 하고, 공연의 질을 높이는 이중적인 효과를 발휘하게 된다.

(5) 5회차 성경 드라마 연습

프로그램 개요

대본을 콘티로 변형시키고, 조장의 인도에 따라 각자가 맡은 배역을 연기하는 연습을 한다. 진지하게 몰입해서 연극을 연습하는 것이 중요하며, 하나의 연극을 공연하기 위해 서로 협력하며 연습하면서 함께 무언가를 해 보는 경험을 하는 것이 중요하다. 진행자는 지도할 때 서로 다투지 않고 의견을 조정하고 협력하는 것이 중요하다는 사실을 재차 주지시킨다.

각 조에는 다음과 같은 지침을 준다.

1. 연출자를 정합시다. 성공하든 실패하든 연출자의 지도를 따르기로 약속합니다.

2. 배역을 정합니다(가급적이면 앞에서 등장인물을 공부한 사람이 맡으면 좋겠네요). 옛날 변사처럼 해설자를 넣어도 좋습니다.

3. 배역을 맡은 각 사람이 자기 대사를 써 옵니다. 그리고 연출자와 함께 대사를 서로 맞추어 봅니다.

4. 배경을 맡은 사람들은 큰 전지에 배경을 그립니다. 이때 성경 사전이나 스마트 폰 같은 기기를 이용해서 최대한 비슷한 배경을 그립니다.

5. 사건을 맡은 사람은 이야기가 올바르게 진행되는지 체크해 줍니다. 그리고 사건을 맡은 사람은 촬영을 합니다.

6. 반복적으로 연습을 해서[대략 4-5번 정도] 완벽하게 호흡을 맞춥니다.

(6) 6회차 성경 드라마 연습 – 데모 버전 제출

프로그램 개요

전체적으로 연습한 내용의 하이라이트를 3-5분간의 영상으로 찍도록 지도한다. 공연 이전에 데모 버전의 제작이 중요한 이유는 자신들이 할 공연을 객관적으로 관찰해 보고, 더 나은 공연을 효과적으로 준비하는 것에 도움을 주기 때문이다.

(7) 7회차 성경 드라마 공연

프로그램 개요

조별로 공연을 한다. 공연의 분위기가 매우 중요하며, 필요시 무선 마이크나 핀 마이크가 준비되어 있으면 더 효과적이다. 관객 역할을 할 다른 조원들에게 집중해서 잘 시청하도록 주의를 준다.

(8) 8회차 조명자료 나누기, 조명자료 강화

프로그램 개요

이전 단계까지 성경의 내러티브를 내러티브 비평의 관점에서 읽고 그 독서한 내용을 기반으로 대본을 작성하고 연극 연습을 한 이후 공연까지 시행하였다. 이제 성경 내러티브-드라마 인성교육은 상담적 기법을 활용한다. 이때에는 성경 이야기 상담이 주요하게 활용된다. 8회차에는 인력탐구를 시작으로 조명자료를 발견하고, 그 조명자료를 강화하는 시간을 가진다.[143]

(9) 9회차 지지적 공동체의 확립

프로그램 개요

참가자가 얻은 교훈으로 앞으로의 삶을 살아가려 할 때 홀로 그러한 삶을 살아내기는 어렵다. 그래서 교훈을 통해 새롭게 변화된 삶을 계속 살아갈 수 있도록 그 삶을

143 성경 이야기 상담 4단계, 5단계, 6단계 참조

지지하는 지지적인 소그룹을 만들어주어야 한다. 이를 위해 우선적으로 그러한 공동체를 구축하기 위해 서로를 더 자세하게 알아가게 하는 시간이 필요하다.

이를 위해서 퀘이커 퀘스천(Quaker Question) 프로그램이 실시된다. 퀘이커 퀘스천은 기독교의 한 종파인 퀘이커 교도들이 공동체에서 처음으로 자신을 소개할 때 나누었던 질문을 말한다. 이런 시간을 함께 가짐으로써 서로를 더욱 더 깊이 이해하고 사랑하며, 더 깊은 이해와 사랑과 공감과 상호책임을 통해 한 공동체 안에서 서로를 인격적으로 만날 수 있게 된다.

활동자료 - 퀘이커 퀘스천

Quaker Question 질문지		
나를 소개해요	이름(뜻)	
	가족관계	
	태어난 곳	
가장 추웠던 때	정서적, 육체적으로 가장 힘들고 어려웠던 때는?	
가장 따뜻했던 때	정서적, 육체적으로 가장 행복하고 즐거웠던 때는?	

어렸을 때 가장 기억에 남는 일	
진심으로 바라는 것	바라는 것

(10) 10회차 기독교 인성 토론 및 강의

프로그램 개요

지금까지의 활동을 통해 얻게 된 다양한 내용들을 기반으로 하여 기독교 인성에 대한 강의와 토론을 해 본다. 성경 내러티브-드라마 인성교육은 전체적으로 실습형 인성교육의 틀을 가지고 있지만, 이 회차에서는 강의적인 요소가 두드러지게 된다. 이 회차에서는 먼저 인간이란 무엇인가에 대한 토론을 통해서 인간과 인성의 본질에 대해서 고민하게 한 이후, 기독교적 인성의 기본적인 틀인 하나님의 형상에 대한 가르침이 핵심을 이루게 된다. 예시가 될 수 있는 강의 내용 개요는 다음과 같다.

강의 개요 예시 - 성경의 관점에서 본 인간

인간이란 무엇일까요? 그것은 우리 인간의 가장 깊은 물음 중 하나입니다. 시편 8편에서는 우주와 인간을 놓고 이렇게 노래했습니다. <주의 손가락으로 만

드신 주의 하늘과 주께서 베풀어 두신 달과 별들을 내가 보오니 사람이 무엇이기에 주께서 그를 생각하시며 인자가 무엇이기에 주께서 그를 돌보시나이까> 하늘과 하늘의 달과 별을 보며 시인은 '사람이 무엇인가?'라고 물을 수밖에 없었습니다.

독일의 철학자 임마누엘 칸트는 자신의 철학을 다음과 같은 말로 정리했습니다.

나는 무엇을 알 수 있는가? 나는 무엇을 해야 하는가? 나는 무엇을 희망해도 좋은가?

이 주요한 세 물음을 합치게 되면서 하나의 총괄적인 물음이 등장합니다. 그것은 바로 인간이란 무엇인가?라는 물음입니다. 오랫동안 사람들은 '인간이란 무엇인가?'라고 물어 왔습니다.

'인간이란 무엇인가?' 그것은 우리 인간의 가장 깊은 물음 중 하나입니다. 우리는 창세기 1장을 통해서 인간이 무엇인가를 알 수 있습니다. 인간이 가장 깊은 비밀을 알 수 있습니다. 사람에 대해서 묻고, 어떻게 하면 진정으로 사람이 될 수 있는가를 물을 때 반드시 창세기의 말씀을 살펴보아야 합니다. 거기에서 인간의 비밀을 알게 되고, 참으로 인간으로 살 수 있는 길을 얻게 됩니다.

① 인간은 하나님의 형상이자 모양이다.

동물과 인간은 모두 6일째 창조되었습니다. 그럼에도 불구하고 동물과 인간이 창조된 방식이나 동물과 인간의 지위는 매우 큰 차이가 납니다. 성경에 따르면 동물은 땅을 매개로 해서 나왔습니다. 하나님은 땅에게 명령하시면서 땅으로부터 동물이 나오게 하셨습니다. 그러나 인간은 다릅니다. 인간은 하나님이 고민과 의논을 하면서 창조한 존재입니다. 게다가 인간은 하나님의 형상과 모양으로 만들어졌습니다. 하나님의 형상이라고 할 때 그것은 imago dei라고 합니다. 인간은 이 땅 위에서 보이지 않는 하나님의 보이는 형상이며, 모습이자 이미지입니다. 인간은 유한한 존재이지만 하나님의 형상을 띠고 태어났습니다.

이러한 사실은 인간이 얼마나 대단한 존재이고 얼마나 위대한 존재인지를 말해 줍니다. 우리는 인간을 너무 많이 자주 늘 보니 인간이 대단하다는 생각을 하지 못할 때가 많습니다. 지구상에 70억의 인구가 있으니 인간의 귀중함이 상실되고 있습니다. 그러나 사실 인간은 하나님의 형상으로서 거의 신적인 그런 존재입니다. 매우 놀라운 이 땅 위의 기적입니다. 여러분께서 오늘 교회에 오신 옆 사람을 보십시오. 그들은 하나님의 형상이며, 기적입니다. 우리의 가족과 친적들, 그리고 모든 사람들은 이 세상에서 비길 데 없는 기적들입니다.

형상이라는 말은 원래 히브리어에서는 신상을 가리켰습니다. 고대에는 일반인들이 왕들을 볼 수 없었습니다. 그래서 왕들은 동상을 세웠습니다. 인간은 지상에서 하나님을 대신하고 대표하는 존재들입니다. 하나님을 대리해서 지상의 모든 것들을 통치하고 다스리는 위임받은 신적 존재이며 왕적인 존재입니다.

그래서 인간은 얼마나 높고 존귀하고 고귀한 존재인지 모릅니다. 인간은 신적인 존재이며, 신적인 통치자입니다. 그러므로 우리는 우리 자신을 이 땅에서 하나님을 상징하는 존재로 스스로 생각하고 자부심을 가져야 합니다. 인간이 스스로를 낮추는 것은 우리를 지으신 하나님에게 잘못을 행하는 것입니다.

내가 아는 한 선생님이 있습니다. 그분은 매일 아침 일어나서 거울을 보고 자신의 가슴에 손을 얹고 이렇게 선포하고 외쳤다고 합니다. "○○야, 너는 하나님의 걸작품이다. 너를 사랑하고 축복한다." 이렇게 외쳤을 때 그의 삶에서 놀라운 일들이 일어났다고 합니다. 그분의 모든 열등감과 콤플렉스가 사라졌고, 크게 변화된 삶을 살게 되었습니다. 저는 그분이 매일 그렇게 자신을 선포하고 자신을 축복했기에 그러한 삶을 사셨다고 생각합니다.

사실 우리는 스스로에 대해서 열등감을 가지고 콤플렉스를 느끼면서 살아갈 수 있습니다. 내가 별 중요하지 않고 대단하지 않은 사람이라고 여길 수 있습니다. 그러나 내가 누구인지를 성경적으로 진정 깨닫는다면 우리는 명확한 identity를 가지게 되고, 결코 상황이나 여건에 휘둘리면서 흔들리는 그러한 삶을 살지 않게 됩니다.

닉 부이치치라는 분이 있습니다. 태어나면서부터 사지가 없이 태어나신 분이었습니다. 이분은 그래서 10대가 되기 전에 8살 때 삶을 포기하려 했습니다. 그는 주변 사람들에게 분노했고, 하나님에게 분노했었습니다. 그러나 그의 부모님은 그를 사지가 없을 뿐 정상이라고 믿고 가르쳤습니다. 그리고 그는 깨닫게 되었습니다. 자신이 자신을 존중하고 존경할 때 남도 자신을 존경한다는 사실을! 이것은 그의 삶에 큰 동기부여가 되었습니다. 그래서 그는 이후 자기를 불쌍히 여기지 않고 자기를 존중하고 존경했습니다. 그러고 나니 정말로 다른 사람들도 그를 존중하고 존경하게 되었습니다.

우리는 우리 자신을 하나님의 형상, 하나님의 모양, 하나님의 상징이라고 명확하게 생각해야 합니다. 그리고 다른 사람을 바라볼 때 그도 하나님의 형상이고 모양이며, 하나님의 상징이라고 생각해야 합니다. 그렇게 할 때 우리는 사람을 대하는 태도가 달라집니다. 이것을 깨닫지 못하면 그는 인간됨의 첫 번째 단추를 채우지 못하고 살아가는 것입니다.

노숙자도 그렇습니까? 그렇다습니다. 악성 채무자도 그렇습니까? 그의 처지가 많이 어려워졌지만, 그렇습니다. 사형수도 연쇄살인범도 그렇습니까? 그가 하나님의 형상과 모양을 많이 훼손했지만 그럼에도 불구하고 그는 원칙적으로는 하나님의 형상과 모양으로 지음받은 존재입니다. 성경말씀을 가진 기독교인의 길은 사회적으로 어렵고 죄지은 사람들에게도 그들이 하나님의 형상이자 모양이며 하나님을 상징하는 존귀한 존재임을 깨닫게 하는 것입니다.

② 인간은 다스리는 존재이다. 지배자로 태어났다.

인간은 기본적으로 다스리는 자로, 왕으로 태어났습니다. 하나님의 프로그램이 그러했습니다. 바다의 물고기와 하늘의 새와 가축과 온 땅과 땅에 기는 모든 것을 다스리게 하자고 하셨습니다. 인간의 본질은 이러한 다스리고자 함입니다. 사람들이 누구나 대장이 되려 하고, 지도자가 되려 하고, 자신의 뜻대로 세상과 조직을 이끌려고 할 때 너무 부정적으로만 볼 필요는 없습니다. 다소간 왜곡되기는 했지만 원래 인간에게는 그러한 프로그램이 되어 있기 때문입니다. 그것이 인간의 본질입니다. 그것이 사람입니다.

오늘 본문 말씀이 왕이 임명될 때의 대관식의 흔적을 담고 있다는 해석도 있습니다. 인간은 다스리는 자로, 왕으로 태어난 것입니다. 하지만 여기에서 다스린다는 말을 더 깊게 생각해 볼 필요가 있습니다. 성경은 땅은 정복하라고 가르치지만, 땅의 생물들에 대해서는 다스리라고 되어 있기 때문입니다. 이 다스린다는 말은 잘 보살피고 돌본다는 의미를 가지고 있습니다. 그러므로 정복하고 지배하는 것보다 잘 이끌고 잘 돌보며 보살피고 관리한다는 의미를 가지고 있습니다. 이 다스린다는 말은 왕의 통치와 관련이 있는 말입니다. 그런데 고대 이스라엘의 왕권 개념에는 착취에 대한 암시가 전혀 없습니다. 왕은 자기가 다스리는 백성의 복지와 번영을 위해 책임을 져야 했습니다(C. Westermann).

이 다스리다는 말씀은 동물과 관련된 것이고, 특히 목자의 역할과 관련되어 있습니다. 목자는 동물을 잘 보살피며 먹여야 하는 존재였습니다. 다스린다는 것은 정복이나 착취와 무관한 것입니다. 다스림은 모든 피조물의 안녕을 확보하고 그들에게 주어진 모든 약속의 열매를 맺게 해 주는 데 있었습니다. 게다가 인간이 처음 창조되었을 때 인간의 양식은 동물이 아니고 식물이었습니다. 인간은 초식동물이었습니다. 인간은 동물을 잘 돌보고 관리하는 관리자의 입장에 있었습니다.

사실 인간은 하나님이 만드신 세상의 청지기로서 하나님이 부재하실 때 그의 세상을 잘 다스릴 관리인이자 청지기의 임무를 부여받았습니다. 하나님의 축복은 동시에 사명입니다. 축복과 사명이 함께 합니다. 우리는 태어나면서부터 숙제를 부여받은 존재들입니다. 우리의 숙제, 우리의 과제는 무엇일까요? 그것은 세상을 잘 다스려서 하나님이 만드신 세상이 잘 유지되도록 돌보는 것입니다.

(11) 11회차 기독교 인성 질문지

프로그램 개요

이제까지의 성경 내러티브 독서, 드라마 공연, 인력탐구, 조명자료 발견과 강화, 토론과 강의의 내용을 기독교 인성교육적 차원으로 정리하는 시간을 가진다. 지금까지의 활동에서 내 삶과 관련된 메시지 3가지를 찾아내고, 기독교 인성과 관련해서 배운 점이 무엇인지 써 보고, 최종적으로 내가 활동을 통해서 배운 내용이 기독교 인성교육의 덕목이라고 할 수 있는 성령의 9가지 열매와 어떠한 관련을 맺고 있는지를 확인한다.

활동자료 - 성경 내러티브 드라마 개별 독서 요약지

1. 성경 중 이 본문을 읽게 된 동기는 무엇입니까?

2. 이 본문의 내러티브에서 기억에 남는 에피소드 3개를 기록해 봅시다.

(1)

(2)

(3)

3. 왜 그 에피소드가 기억에 남나요?

(1)

(2)

(3)

4. 이 책에서 찾아낸 내 삶과 관련된 메시지 3가지를 써 봅시다.

(1)

(2)

(3)

5. 이 책에서 기독교 인성과 관련하여 어떤 점을 배울 수 있을까요?

6. 내가 알게 된 교훈이 성령의 9가지 열매의 항목과 어떠한 관계가 있는지 써 봅시다.

7. 궁금한 점이나 문제제기하고 싶은 부분은 무엇인가요?

(12) 12회차 글쓰기 및 마무리

글쓰기는 전체적으로 지금까지의 활동을 정리하고 마무리하는 수순이다. A4 용지 1페이지 분량의 느낀 점을 글로 써서 함께 낭독하며 전체적은 활동을 정리하고 마무리한다.

4. 나가는 말

기독교적 인성교육이 성경에 기반하며 성경을 통해서 이루어져야 한다는 주장에 대해서는 별다른 이견을 찾을 수 없을 것이다. 지금까지 여러 연구자들은 성경을 통해서 기독교 인성교육의 기본적인 사항들을 정리할 수 있었다. 기독교 세계관에 근거한 기독교 인간관, 기독교 인성관, 기독교 인성교육의 덕목이 추구되었으며, 이러한 연구결과는 기독교 인성교육과 일반적인 인성교육이 어떻게 다른가를 잘 보여주었다. 그럼에도 불구하고 성경을 통한 기독교 인성교육의 모델이 뚜렷하게 제시되지는 못했었다.

본 연구는 성경을 통한 기독교 인성교육의 모델로서 성경 내러티브 드라마 인성교육이라는 새로운 모델을 제안해 보았다. 비록 이러한 명칭의 성경적인 기독교 인성교육이 제시되지는 못했지만, 연구자가 제안한 모델은 그저 임의로 제기된 것이 아니라 기존의 성경 연구와 성경 이야기 상담 그리고 실습형 인성교육의 다양한 활동들을 근거로서 활용한 것이다. 아직 가야 할 길이 멀지만 성경 내러티브 드라마 인성교육이 실행되어서 잃어버린 하나님의 형상을 회복하고자 하는 기독교 인성교육의 길에 조금이라도 도움이 되기를 바란다.

5. 기독교 인성교육 - 상담

1. 들어가는 말

우리나라에서 인성교육과 관련된 법이 곧 인성교육진흥법이 2015년 1월 20일에 공포되고 이후 시행되면서 교육계를 비롯하여 사회 전반적으로 인성에 대한 관심이 급증하였다. 이제는 '인성 갑'이니 '인성 쓰레기'니 하는 단어들이 공공연하게 사용될 만큼 인성이라는 단어는 삶의 자리에 깊숙이 침투해 있다. 우수한 재능과 화려한 업적이 있다하더라도 인성이 좋지 않으면 많은 것을 잃어버릴 수 있는, 사람대접을 받기 어려운 사회적 분위기가 형성되고 있다. 그만큼 사람다움의 색깔이 빛바래져 가고 있음에 대한 경고이기도 하고 한편 사람다움이 지닌 중요성이 강화되고 있으며 사람답게 살아갈 수 있는 세상에 대한 관심이 급증하고 있음을 대변해 준다고 볼 수 있다.

인성에 대한 급증된 관심은 삶의 전 영역에 세밀하게 스며들고 있다 해도 과언이 아닐 것이다. 한 사람의 태도와 말과 행동, 생각, 삶의 방식 등 삶의 다양한 양상에서 그 사람에 대한 평가 잣대의 역할로 인성을 거론하기도 하고 양육과 교육의 영역까지 인성의 입김은 더욱 그 입지를 넓혀가고 있다. 인성을 제대로 갖추지 못하고서 사회에 발을 들이고 사회생활을 한다는 것은 시간이 지날수록 더욱 어려운 난제로 등장하게 된다. 이는 대학에서도 마찬가지의 위력을 발휘하고 있다.

사회인으로서 그리고 직업에 종사해야 할 한 사람으로서 그 역할을 제대로 수행하기 위한 준비, 취업과 관련된 이러저러한 고민, 급변하는 사회와 문화 그리고 경제적 상황들. 여기에 제대로 된 인성까지 갖추어야 하는 것이 대학생들이 맞이하고 있는 현실이다. 이는 대학생들이 당면한 과제를 잘 해결해 나갈 수 있는 데 도움을 제공할 뿐만 아니라 그들의 삶 전반에 걸쳐 긍정적 영향을 안겨줄 수 있는 인성교육이 있다면 그 내용은 어떠해야 할지에 대한 질문을 자연스럽게 안겨다 준다. 이 질문에 대한 고민의 일환으로 대학생들에게 인성교육과 훈련을 위한 작은 도움을 마련하고자 기독교 상담을 토대로 인성교육 프로그램의 모형을 제안해 보고자 한다.

인성이 무엇인지에 대한 물음을 두고 다양한 시각과 견해가 있겠지만 인성이라는 것이 퍼즐조각처럼 무언가를 도려내고 다시 새로운 것을 만들어서 끼워 맞출 수 있는 것이 아님을 인정하는 것에는 이견이 없을 것이다. 그만큼 인성이라는 것은 사람다움이나 사람됨과 관련되는 것이고 인성이 좋다 나쁘다는 것은 학습 이전에 대인관계 속에서 누구나 감지하고 지각할 수 있는 특성을 지니고 있기 때문일 것이다. 좋고 나쁜 기준이 사회마다 그리고 특정 시대나 공동체에 따라 다소 차이가 있을 수 있겠지만 보편적으로 지각되고 인지할 수 있는 내용 또한 존재한다. 이는 자기 자신과의 관계도 포함할 수 있겠으나 무엇보다도 대인관계에서 표출되고 드러나는 감정, 생각, 태도, 행동, 말 등에서도 쉽게 찾아볼 수 있을 것이다.

인간 개인의 감정, 생각, 태도, 행동, 말 등은 그 사람에 대한 됨됨이를 평가하거나 개인이 평가받는 데 매우 중요한 요소로 작용한다. 그리고 이 요소 각각에 대한 다양한 견해가 있겠으나 그것은 대부분 그 사람의 성격과 밀접한 관련을 가진다고 할 수 있다. 특정 집단이나 사회를 떠나 그 사람의 성격이 좋다는 것은 인성관련 "핵심 가치·덕목" 즉, "예(禮), 효(孝), 정직, 책임, 존중, 배려, 소통, 협동 등의 마음가짐이나 사람됨과 관련되는 핵심적인 가치 또는 덕목"[144] 에 대한 평가가 긍정적이고 좋다는 것과 맥을 같이한다고 보아도 무방할 것이다. 따라서 한 사람의 성격과 그 특성은 그 사람의 인성과 관련되는 매우 핵심적인 요소가 아닐 수 없다. 따라서 인성교육은 이론적 가르침과 형이상학적 깨달음도 중요하겠지만 한 사람의 성격적 특성에 대한 접촉과 변화를 위한 훈련 또한 매우 중요할 것이다.

144 인성교육진흥법 제2조(정의) 2항, 국가법령정보센터 2020. 07. 23. 검색. http://www.law.go.kr/lsInfoP.do?lsiSeq=212073&efYd=20191210#0000

성격의 변화에 있어서 상담이 차지하는 비중과 효과는 다양한 교육의 영역과 요소 가운데서 대체적으로 긍정적 결과를 확보하고 있다. 그만큼 사람의 성격이 성장과정 중 중요한 사람과의 관계경험을 통해 형성되었다는 변경 불가능한 토대가 존재하기 때문에, 이와 가장 밀접한 관련을 지니면서 성격의 변화를 추구할 수 있는 상담의 입지도가 확고히 마련된 것이라고도 볼 수 있다. 그렇기 때문에 나아가 그 가능성 또한 크다고 할 수 있겠다. 이와 관련하여 필자는 상담 중에서도 기독교 상담을 토대로 인성교육 프로그램에 대한 모델을 마련해 보고자 한다.

2. 선행연구

본 연구부분은 인성교육에서 기독교 상담을 대학생들에게 적용하고자 하는 취지를 바탕으로 하고 있다. 따라서 대학생 인성교육에 적용 및 활용 가능한 기독교 상담을 통한 인성교육이라는 입장에 맞추어 선행연구에 대해 탐색한 결과는 다음과 같다. 기독교 상담이 인성교육과 접목된 연구를 그 범위에 두어 살펴보았으나 기독교 상담을 직접적으로 활용하여 인성교육에 접근한 연구는 거의 찾아보기가 어려운 실정이며, 대상을 대학생으로 한정짓는다면 거의 전무하다고 볼 수 있을 것이다. 그럼에도 불구하고 탐색 조건을 확장해서 접근해 볼 때 다음과 같은 연구를 발견할 수 있었다. 안규옥[145]은 “중년기의 상담학교 인성발달 프로그램 참여경험 연구”에서 “개인의 자아에 대한 객관적 이해 증진을 목표로 성장과 발달이 가능하게 구성된 상담교육 프로그램”인 “인성발달 프로그램”을 활용하여[146] 중년기에 있는 성인 남녀들을 대상으로 프로그램을 실시하고 참여 경험에 내재된 그 의미와 본질에 대한 탐색을 실시하였다. 한재희[147] 는 “인성에 대한 전인적 이해와 기독교상담”에서 심리학적인 테두리에서 인성의 변화를 살펴보고 나아가 통합적 인간이해에 접근하기 위해 성경을 활용해서 다루어 본 후 최종적으로 “전인적 인성변화를 위한 기독교상담의 모델”을 모색하였다. 또한 인성개념에 대한 접근에서 “성격의 기질적 특성”과 더불어 “성격의 품성”, “인격적 도덕성”이 함께 어우러져 표출되는 개인 특유의 행동양식이라고 할 수 있으며 여기서 성격과 인격의 구분은 대개 모호하다[148] 고 제시하고 있다. 따라서 기독교 상담과 인성교육을 직접적으로 연관시킨 연구의 부족분을 기독교 상담과 성격 혹은 인격을 연결하여 연구한 부분도 살펴볼 필요가 있을 것이다.

기독교 상담과 성격에 관한 연구를 살펴볼 때 특정 성격장애를 제외할 필요가 있다. 인성교육이 성격장애와도 연관될 필요가 있겠지만 본 연구에서는 인성교육을 특정

145 안규옥, "중년기의 상담학교 인성발달 프로그램 참여경험 연구," (박사학위논문, 백석대학교 기독교전문대학원, 2016).

146 **같은 글**, 5.

147 한재희, “인성에 대한 전인적 이해와 기독교상담,” **대학과 복음** 7 (2003): 239-67.

148 **같은 글**, 243-44.

영역과 대상에 국한하지 않고 대학생 일반에 적용하고자 하는 것이 우선 이유이기 때문이다. 여기에 기준점을 두고 살펴본 결과 특정 성격장애와 관련된 연구가 대부분이었으며 의도에 적합한 것을 살펴보면 다음과 같다. 강경미[149] 는 "기독교상담에서 성격의 변화와 성령의 역사"에서 성격이라는 것은 삶의 건강성을 좌우하고, 그 사람을 평가하는 기준이 될 수 있기에 더 나은 성격의 변화가 지닌 중요성을 피력하고 있다. 성격 변화를 위해 하나님과의 관계에서 죄, 회개, 삶의 문제 해결 등을 도울 수 있어야 하며 "성령의 역할"을 바탕으로 성격변화과정에 지원 가능한 방법을 고찰했다. 김정희[150] 는 "에니어그램 성격유형을 활용한 기독교상담에 관한 연구"에서 내담자의 성격을 에니어그램 유형에 따라 9가지의 유형별로 분류하고 구체화해서 접근했는데 신앙관련 체험과 유형별 특성에 일관성이 있음을 파악할 수 있었고 그에 따른 상담의 초점을 마련하고 필요한 내용의 제공을 탐색하였다. 이성희[151] 는 "MMPI를 활용한 청소년 미혼모들의 성격 특성에 관한 기독교 상담적 연구: 미혼모 쉼터 이용자들을 중심으로"에서 특정 미혼모 대상 다면적 인성검사에 따른 성격 특성을 분석 검토하여 문제해결과 관련해서 자신감이 어느 정도인지에 따라 스트레스와 분노의 표출 수준에 차이가 있고 이에 따른 기독교 상담 방안을 마련하고 적절한 기법을 모색했다.

다음으로 인격과 관련된 기독교 상담 연구에 대한 검토이다. 앞서와 유사하게 관련 연구가 매우 미비한 실정임이 드러났다. 그럼에도 관련지어 검토해 볼 연구가 있다. 심수명[152] 은 "기독교 상담적 관점에서 성숙한 인격에 대한 고찰"에서 인격에 대한 이해를 위해 일반 심리학과 성경 그리고 기독교 상담학적 관점을 기반으로 접근하고 이를 바탕으로 성숙한 인격에 대해 다음과 같이 정리했다. 즉, 십자가의 은혜를 의지하고 아가페적 사랑으로 행하며 영성을 중심축으로 지, 정, 의의 통합을 지향하고 대인관계에서의 인격과 자기 내면의 인격 그리고 사회적 가면의 인격 요소가 모두 적절한 균형과 조화를 이룬 사람이다. 또한 타인 및 자기존중을 실천하며 분명한 미래 목표의식이 있

149 강경미, "기독교상담에서 성격의 변화와 성령의 역사," **복음과 상담 11** (2008): 117-37.

150 김정희, "에니어그램 성격유형을 활용한 기독교상담에 관한 연구," (석사학위논문, 아세아연합신학대학교 교육대학원, 2009).

151 이성희, "MMPI를 활용한 청소년 미혼모들의 성격 특성에 관한 기독교 상담적 연구: 미혼모 쉼터 이용자들을 중심으로," (석사학위논문, 호남신학대학교 기독교상담대학원, 2002).

152 심수명, "기독교 상담적 관점에서 성숙한 인격에 대한 고찰," **성경과 신학 68** (2013): 83-113.

고 객관적 입장에서 현실을 파악하며 자신의 최고 목적이 하나님의 뜻을 이 땅 위에 실현하는 것에 있는 사람임을 제시하고 있다.

이상의 선행연구 동향 및 내용을 바탕으로 다음과 같이 생각해 볼 수 있다.

첫째, 기독교 상담과 인성교육과 관련된 연구가 매우 부족한 실정이며 대학생 대상은 거의 전무한 상태이다.

둘째, 기독교 상담은 인성적 측면에서 하나님의 사랑, 하나님과의 관계, 하나님의 말씀과 실현, 영성 기반의 전인성 구축 등의 요소와 밀접한 관련을 지닌다.

셋째, 일반 심리학 이론과의 연계이다.

본 연구는 기독교 상담 인성교육 모델을 연구하는 부분에 상기의 내용을 고려해서 적절한 응용을 시도하면서 적용해 보고자 한다.

3. 이론적 배경

1) 상담과 인성교육

과거와는 달리 요즈음 상담을 받는다고 할 때 당사자를 문제시하거나 일반적이지 않은 부류의 대상자로 무시하거나 꺼림칙하게 대한다는 것이 오히려 어색할 정도로 상담에 대한 친숙도가 높아졌다. 그만큼 상담에 대한 인식 변화가 부드럽고 친숙한 방향으로 이루어진 것이라고 할 수 있겠다. 상담의 사전적 의미는 “문제를 해결하거나 궁금증을 풀기 위하여 서로 의논함”[153] 으로 되어 있다. 여기서는 개인적으로 해결해야 하는 문제에 도움을 얻기 위해 혹은 삶의 다양한 상황이나 과업 혹은 자기 자신이나 대인간 상황에서의 궁금증 등에 필요한 자원을 얻어가는 만남의 장으로 생각해 볼 수 있을 것이다. 한편 상담과정은 그 이상의 더 깊고 풍부한 자원마련과 변화경험을 체험하는 장이기도 하다. 왜냐하면 상담이라는 것은 “인격적 만남을 통해 생활 세계 곳곳에서 사람들의 바람직한 변화를 돕는 과정”[154] 이기 때문이다. 단순하고 단편적인 궁금증 해소나 해결의 실마리를 얻어가는 경험을 포함하고 나아가 상담자와 내담자 간 상호 인격적 교류를 통해 한층 더 높은 차원의 변화를 가져오는 과정이기도 하다. 즉, “인격의 성장을 조력하고 자아실현을 돕는 형태”[155] 를 포함하고 있다는 것이다. 앞서 한재희의 연구에서 제시한 인성개념에는 그 구분이 모호하지만 성격 혹은 인격적 특성이 함께 포함되어 있음을 살펴보았다. 성격 혹은 인격의 변화는 곧 인성의 변화와도 그 맥을 같이한다.

한 사람의 인성이 더 긍정적인 방향으로 전환되고 변화되는 것을 추구함은 인성교육에서 당위적이고도 당연한 목표이며 당면과제이기도 하다. 사람이 살아가면서 좋은 방향으로 변화되어진다는 것은 개인적으로나 사회적으로나 양측 모두에게 그만큼의 가치와 이익을 가져다주는 희소식이 아닐 수 없다. 사람이 변한다는 것은 쉽지가 않다. 영화 “우리들의 행복한 시간”에 보면 “물고기가 사람이 되는 건 기적이 아니라 마술

153 **네이버 국어사전**, 2019. 1. 22 검색.

154 박성희, **상담의 새로운 패러다임** (서울: 학지사, 2003), 27.

155 **같은 글**, 33.

이고, 사람이 변하는 게 기적이지"라는 대사가 나온다. 그도 그럴 듯이 우리 속담에 "세 살 적 버릇 여든까지 간다"는 말도 있다. 그만큼 몸과 마음에 한번 새겨진 특성들이 변화되기가 무척 어렵다는 말이다. 사람이 변하든 버릇이 변하든 그것은 성격이나 인격 그리고 인성과 직결되는 현상이고 또한 각 요소의 변화를 동반하는 것이기도 하다.

성격에 관해서 강경미는 여러 학자들의 의견을 정리하면서 최종적으로 자신의 저서인 '아동행동수정' 내용 일부를 인용하여 성격이란 "각 개인의 원형, 자아강도, 욕구, 기대, 태도, 습관들을 포함하고 있으며, 한 개인의 독특한 심리사회적 특성을 의미"[156] 하는 것이라고 제시했다. 따라서 성격이라는 것은 한 개인의 심리적 행동유형을 담고 있으며 본능적 충동을 현실과 어떻게 거래할 수 있는지 그 역량 정도가 포함된 자아의 특성 그리고 나아가 삶의 자리에서 표출되어지는 그 사람의 다양한 삶의 양식들과 이를 뒷받침하는 심리적 특성으로 구성되어져 있다고 볼 수 있다. 성격 형성에 영향을 미치는 요인에는 여러 가지가 있겠으나 대체적으로 부모의 역할이 중요하다는 것에는 큰 이견이 없을 것으로 보인다.

인간이 세상에 태어나 가장 먼저 접하는 사람은 대개 부모이다. 그리고 대체로 이변이 없는 한 부모가 양육을 담당한다. 즉 주 양육자가 된다는 것이다. 그리고 자녀는 그 부모를 닮아간다. 그래서 자녀들을 두고 그 부모의 붕어빵이라는 말을 하는 경우가 종종 있다. 자녀는 가족 구성원 이전에 한 사람으로서 발달 시기에 필요한 욕구의 충족을 원할 것이고 이에 대한 부모의 반응이 그 자녀의 긍정 및 부정적 성격 형성에 영향을 미치며 건강한 정서 형성에는 욕구의 적절한 충족이 필수적이며 그렇지 못한 경우 문제가 일어난 그 지점에서의 성장이 멈추면서 고착되게 되고 이후 자라면서 그와 관련된 부정적 태도와 행동 그리고 언어가 반복적으로 표출되고 성격화된다는 것이다.[157] 성격 형성에 부모의 영향이 크다는 것은 사람은 결국 형성되어지는 존재라는 것을 의미한다. 무엇으로부터인가? 단지 부모라기보다는 좀 더 구체적으로 이야기한다면 부모와의 관계경험으로부터이며 그 안에서의 다양한 상호작용이 가져온 결과물이기도 하다.

영유아기로부터 가족 특히 부모와의 다양한 관계경험을 바탕으로 개인 고유의 심

156 강경미, 120. 강경미가 인용한 원본 내용은 다음 본인의 저서 내용 일부이다. 강경미, **아동행동수정** (서울: 학지사, 2006), 239.

157 김현진, "부모의 양육태도와 자녀의 성격형성에 관한 연구," **光神論壇** 20 (2011): 275-76.

리구조가 구축되고 이를 토대로 성격이 형성되는데 성격은 또한 심리구조를 바탕으로 지탱되어지며 사고와 정서 그리고 태도 및 다양한 행동 특성 표출에 직접적인 원천으로 작용하고 있는 것이라고 정리해 볼 수 있다. 성격과 유사하면서도 엄밀한 측면에서 약간의 내용 첨가를 해 볼 수 있는 것이 인격이다. 인격에 대해서는 “성격적 특성과 함께 그 사람이 존재하는 사회적 상황에서의 도덕적 요인을 가미한 의미”로 다루어볼 수 있지만 그 구분이 쉽지 않기에 인성의 경우 “성격의 기질적 특성” 그리고 “성격의 품성” 과 “인격적 도덕성이 복합되어 상호 작용하는 한 사람의 특유한 행동양식”이라고 할 수 있다. [158] 정리를 해 보자면 가족 내 부모와의 상호작용에서의 경험 전반을 통해 심리구조가 구축되고 이는 성격의 뼈대를 이루며 여기에는 인격적 특성이 내포되어 있다고 할 수 있다.

성격이 외부 대인관계에서 드러날 때 긍정적이라면 우리는 성격 좋은 사람, 사람 좋은 사람으로 인식을 하게 된다. 그러나 반대의 경우 성격이 나쁜 사람, 좋지 않은 사람으로 인지하게 되고 다양한 인간관계를 기피하려 할 것이다. 따라서 전자는 인격이 좋은 부류에 속하고 후자는 그 반대의 측면에 포함될 것임에는 삼척동자도 수긍할 만한 사실이다. 그렇다면 인성에 대한 다양한 개념 정의를 차치하고서라도 성격 좋은 사람은 인격이 좋은 사람이고 다시 인성이 잘 갖추어진 사람으로 도식화해 볼 수 있을 것이다. 상담과정에서 내담자의 성격의 일부 혹은 전반적 변화를 경험한다는 것은 결국 인격의 성장과 인성 함양까지도 동시에 연관될 수 있음을 가늠해 볼 수 있다.

2) 일반 상담과 기독교 상담

일반 상담과정을 통해서 충분히 성격과 더불어 인성의 변화가 발생할 수 있다. 이는 일반적인 상담관련 기법과 내용을 토대로 인성교육 프로그램을 마련할 수 있다는 것을 의미한다. 그렇다면 구태여 기독교 상담을 끌어 들일 필요가 있을까? 현실적인 측면에서 기독교라는 종교적 색채를 굳이 가미할 이유가 없을지도 모른다. 상담현장에서도 “구조화의 틀과 흐름”을 놓고 볼 때 다시 말해서 상담자와 내담자의 관계를 형성하는 단계라든지 내담자의 호소 문제와 관련 내용을 탐색하고 상담자가 개입하는 단계

158 한재희, “인성에 대한 전인적 이해와 기독교상담,” **대학과 복음** 7 (2003): 243-244.

등이 명확하게 구별되지 않는다는 것이다.[159] 상담을 시작하고 전개하고 마치는 과정들 그리고 상담자가 내담자의 문제에 대해 정보를 수집하고 관찰하고 함께 소통하며 해결의 실마리를 찾고 해결점을 마련하는 대부분의 과정이 유사하다는 것이다.

그렇다면 기독교 상담과 인성교육을 굳이 연결할 이유가 없을 것 이라는 결론에 이를 수도 있다. 그러나 양자 간에는 근본적인 차이가 존재한다. 안경승은 Rick Marrs의 비유적 설명을 인용해서 설명하고 있는데 이것을 간략하게 요약하면 다음과 같다. 즉, 인간이 오감으로 체험하고 감지하는 날씨와 대기상태가 있고 이를 형성하지만 오감에 감지되지 않는 대기상태가 있다는 것이며 전자는 상담의 다양한 이론과 실재에 해당되고 후자는 신념이나 전제 등에 해당된다는 것이다.[160] 동일한 악기를 연주하더라도 그 악기를 다루는 사람에 따라 소리는 달라진다. 동일한 악보를 보더라도 해석하고 표현하는 것에는 차이가 있기 마련이다. 동일한 상황에서 특정 사물을 바라보더라도 그 상황과 사물에 대한 해석의 차이는 마찬가지로 사람마다 다를 수 있다. 따라서 상담도 마찬가지이다. 어떠한 견해에서 사람을 정의하고 이해하고 바라보는지는 매우 중요하다. 따라서 다양한 심리학적 이론과 치료적 기법을 동일하게 학습한 상담자라 할지라도 일반 상담 과정과 기독교 상담 과정은 엄밀히 구분된다고 할 수 있다. 안경승은 “기독교상담은 인간의 본성적 선함보다는 원죄를, 그리고 자연주의적이기 보다는 영적 존재로서의 인간됨을 신앙”하고 있다는 전제에서 일반 상담과의 차이를 주장한다.[161]

사람이 살아가는 데 있어서도 자신의 정체성이 중요하듯이 상담 현장에서도 상담자의 정체성은 중요하다. 따라서 기독교 상담은 그 나름대로의 정체성을 확보해야만 한다. 일반 상담은 하나님과 인간이라는 관계를 설정하지 않는다. 철저하게 인간중심적 이해를 지향하고 있고 인간이 인간에게 도움을 주는 것으로 한정되어 있다고 해도 과언이 아닐 것이다. 그러나 기독교는 처음부터 하나님과 인간이라는 관계에서 인간을 파악하고 인간의 문제에 접근한다. 성경 창세기 1-2장 기록에 의하면 하나님은 인간을 “하나님의 형상”대로 그것도 남자와 여자로 창조하시고 인간에게 신의 창조물을 다스리는 역할을 맡겼다는 것이다.

159 안경승, “기독교 상담과정의 독특성,” **복음과 상담 24**, no. 2 (2016): 223-224.

160 **같은 글**, 229-230.

161 **같은 글**, 230.

인간이 하나님 형상으로서 하나님의 이미지를 지닌 존재라는 사실을 보다 구체적으로 이해하기 위해서는 성경에서 증언하는 하나님의 본성을 살펴볼 필요가 있겠다. 신약성경 요한1서 4장 7-8절에는 "사랑하는 자들아 우리가 서로 사랑하자 사랑은 하나님께 속한 것이니 사랑하는 자마다 하나님으로부터 나서 하나님을 알고 사랑하지 아니하는 자는 하나님을 알지 못하나니 이는 하나님은 사랑이심이라"는 말씀이 기록되어 있다. 즉, "하나님은 사랑"이시며 "하나님의 본성은 사랑"이라는 것을 말한다. 따라서 "사람은 서로 사랑하는 존재"이며 무엇보다 "진실한 사랑을 알고 그에 따라 살고 싶어 하는 존재"인 것이다.[162] 기독교에서 제시하는 인간의 본래적 정체성은 진실한 사랑과 깊은 관련성을 지니고 있다.

하나님의 형상으로서의 인간은 하나님과 인간, 인간과 인간, 인간과 자연과의 관계 안에서 살아가는 존재로 자기 정체성을 가지고 있다. 물론 창세기 3장의 기록을 통해 인간이 선과 악을 구별하는 열매를 먹은 이후 이 모든 관계가 예전과는 다른 형태로 곧 상실 혹은 왜곡되어져 버렸음을 볼 수 있다. 한 마디로 하나님의 형상이 손상된 것이다. 따라서 기독교 상담은 인간 본래의 정체성인 하나님의 형상이 일그러졌고 이를 다시 회복시키는 것이 가장 근원적인 목표이며 최종 목적이 되기에 하나님의 사랑에 힘입어 진정한 관계의 회복을 추구하는 것이다.[163] 하나님 형상의 회복은 기독교 상담의 궁극적인 목표이다. 하나님 형상을 회복한다는 것은 인간 본래의 정체성 회복을 의미한다.

특정한 행동을 교정하거나 정서적 문제에 또 다른 진전을 가져오거나 성격의 전반적 변화를 통해 삶의 적응력이나 대인관계능력의 향상을 도모하는 일반 상담과는 출발지점에서부터 그 특성이 다르다는 것을 볼 수 있다. 사람의 성격 바탕이 심리구조에서 비롯되고, 성격의 표출 상황에서 도덕성의 가미 정도에 따라 인격 정도를 논하면서 그것으로 인성과 연관짓는 것이 전부라면, 가족 내 부모와의 관계경험과 양육 내용 그리고 다양한 사회 내 대인관계경험이 결국 한 사람의 정신과 삶의 전부가 될 수 있을 것이다.

만약 부모를 잘못 만났다고 생각하는 사람이 있다면 이후 좋은 사람과의 만남과 교류를 통해 심리내적 구조의 일부분을 재형성할 수 있고 이를 바탕으로 더 나은 인성

162 기독교의 이해 편찬위원회, **기독교의 이해** (대구: 계명대학교 출판부, 2009), 125.

163 오우성·박민수, **상담으로 풀어본 신학** (대구: 계명대학교 출판부, 2005), 136-37.

을 확보하고 더 사람다운 삶을 살 수 있는 것이 가능하다면, 결국 언제든 긍정적 영향력을 미치는 대인관계 내에 편입될 수 있는 길을 찾기만 한다면 모든 것이 만사형통을 향해 나아갈 수 있는 모양이 되는 셈이다. 일반적으로 상담의 과정은 이러한 긍정적 대인관계의 형성을 통해 새로운 경험, 더 나은 인간관계 및 상호작용의 내면화로 인한 성격이나 인격 나아가 인성의 변화를 도모한다고 볼 수 있을 것이다. 한편 기독교 상담은 여기에 하나님의 형상이라는 것이 토대가 되어야 함을 제시하고 있다고 요약해 볼 수 있다.

인간이 관계적 존재라는 것은 두말할 필요도 없을 것이다. 한편 인간의 삶이라는 것이 다양한 상황과 형편에서 경험하는 오감의 정보에 대한 지각내용만으로 다 채울 수 없다는 것도 그러하다. 그래서 인류의 역사 속에는 신이라는 존재가 늘 등장한 것은 아닐까라는 생각을 가져본다. 2011년부터 3년간 옥스퍼드대의 한 연구센터인 Centre for Anthropology and Mind 에서 "인식, 종교 그리고 신학 연구계획(Cognition, Religion and Theology Project)"을 통해 "인간이 본래 신들과 내세가 존재한다는 것을 믿는 경향들이 다양한 문화들에 넓게 퍼져 있다는 것"을 발견했다.[164] 이는 인간적 삶의 범위를 넘어 혹은 이를 아우르는 신에 대한 이야기 그리고 또 다른 세상에 대한 관심이 늘 존재해 왔고 또한 그와 관계를 맺어 왔다는 것을 알려준다. 기독교에서는 하나님과의 관계일 것이고 그 안에서 인간은 하나님의 형상이라는 정체성을 지니고 있다.

기독교에서 제시하는 탈 에덴 이후로부터 지금까지의 인간상은 인간의 본래적 정체성이라고 할 수 있는 하나님 형상으로서의 특성이 상실 혹은 왜곡된 채로 살아왔고 살아가고 있는 그리고 살아가야 할 존재라는 것에 있다. 우리가 아름다운 사랑의 이야기를 담은 소설이나 드라마 그리고 영화 혹은 노랫말을 통해서 감동을 받는 것은 바로 진실한 사랑에 대한 어떠한 원형적 느낌을 마음 깊은 곳에 지니고 있기 때문일 것이다. 그럼에도 불구하고 진정한 사랑은 하나의 공통되고 공유되는 이상으로서만 존재하는 경우가 즐비하다. 정작 현실에서는 그런 사랑은 이루어지거나 실현되지 않을 것이라는 짙은 절망과 아쉬움 가운데 자신도 모르게 거리감을 느끼며 살아가는 경우가 훨씬 더 많을지도 모른다. 이러한 현상은 더 이상 완전한 사랑이라는 연료를 공급받아 이를 활성화시킬 수 있는 자원이 없거나 매우 부족하기 때문이다. 따라서 하나님 형상의 회복

164 곽호철 외, **기독교와 대화하기** (대구: 계명대학교 출판부, 2018), 13.

은 현실적으로도 매우 긴박한 과제가 아닐 수 없다.

인간이 모두 하나님의 형상이라는 범주에 포함되어 있다고 하더라도 하나님에 대한 신앙을 지니지 않은 경우 이 조차도 시인할 수 없을 것이다. 이 지점에서 기독교 상담의 접근성을 마련해 볼 수 있을 것이다. 신앙인들은 비신앙인들이 하나님의 사랑을 통해 하나님 형상으로서의 정체성을 회복할 수 있도록 도움을 제공해야 한다.[165] 기독교 상담은 상담과정을 통해 인간 본질로서의 하나님 형상 회복을 돕는 기능을 담당하고 있는 것이다. 나아가 기독교 상담의 입장을 바탕으로 인간의 인성을 변화시키고 발달하는 데 매우 실질적이고 실제적인 도움을 줄 수 있음은 이제 충분히 예상할 수 있는 내용이기도 하다. 왜냐하면 하나님 형상의 회복은 곧 진실한 사랑과 밀접하게 관련되는 삶의 내용을 가늠할 수 있기 때문이다.

3) 기독교 상담의 원형

기독교 상담의 중점이 하나님의 형상을 회복하는 것에 있다면 그 원형은 무엇인가? 이는 기독교의 핵심인 예수 그리스도를 통해 제시될 수 있다. 성경 로마서 5장에는 최초의 하나님 형상이라고 파악되는 첫 아담의 실패와 하나님 형상의 손상이 예수 그리스도에 의해서만 회복될 수 있음을 명료하게 제시하고 있다. 따라서 예수께서는 첫 인간이 잃어버린 관계성의 회복을 위해 우리가 취할 수 있는 상담의 원형이다. 예수 그리스도는 인간의 손상된 하나님의 형상이 그 본래적 특성을 다시 되찾기 위해 취하고 따라야만 하는 전형적이고 유일한 모델이다. 이에 대한 구체적인 자원은 예수의 공적 활동을 기록한 신약성경에서 발견할 수 있다. 실제 신약 성경 중 예수의 사역을 다룬 사복음서를 상담적 관점에서 본다면 치유와 회복에 대한 이야기가 많이 등장하고 있음을 볼 수 있다.

인간의 회복과 관련된 예수의 사역은 신체적인 병 고침과 장애의 회복에서부터 시작해서 마음의 치유와 영적 회복까지 그 범위가 신체, 심리, 정신 그리고 영성이라는 전 영역에 미치고 있다. 이는 인간에 대한 전인적 회복과 영적 회복을 의미한다. 상담자로

165 서문진희, 정현주, 김계명, "하나님의 형상회복 운동 「이웃섬김실천학교」에 관한탐색적 연구," **복음과 실천신학** 38 (2016): 119-120.

서의 예수를 살펴보면 영적인 자원을 공급하고 회복시켜 주는 목자로서의 역할, 육체적 질병이나 마음의 염려나 걱정 그리고 의심을 근본적으로 치유하는 치유자의 역할, 진리를 전하고 가르치는 교육자로서의 역할 등이 그것이다.[166] 예수의 사역은 인간의 전인성과 관련하여 영적 회복을 가져오는데, 그것은 "인간의 영"과 "하나님의 영"의 하나됨을 지향하며 결과적으로 그러한 인간은 성령의 열매를 맺게 된다.[167]

앞서 언급한 바, 성경은 "......사랑은 하나님께 속한 것이니......하나님은 사랑이심이라"고 진정한 사랑의 출처와 하나님의 본성에 대해 소개하고 있다고 했다. 따라서 참된 사랑은 하나님으로부터 주어지는 것이다. 그렇다면 하나님의 형상 곧 하나님의 이미지로 창조된 인간에게는 하나님의 사랑에 대한 어떠한 정보가 주어져 있다는 것이다. 이것은 다른 피조물과는 확연하게 구분되는 것이기도 하다. 따라서 성경 창세기를 통해 전해진 선과 악의 나무 열매와 관련된 인간의 타락 이전의 인간은 하나님의 속성을 부여받은바 참 사랑관계를 지향하며 살아가던 존재라고 볼 수 있다. 물론 이것이 가능한 이유는 하나님의 영과 연합된 것에 근거한다. 따라서 이와 연관 지을 때 하나님의 영을 통해 다시 참된 사랑의 관계를 회복하고 그 가능성을 실현할 수 있다는 사실을 동시에 내포하고 있음을 확인할 수 있다.

신약성경 갈라디아서 5장 22-23절에는 하나님의 영과 하나가 될 때 인간의 삶에서 얻어지는 결과에 대해 다음과 같이 명료하게 기록하고 있다. 즉, 그것은 "사랑과 희락과 화평과 오래 참음과 자비와 양선과 충성과 온유와 절제"인 것이다. 예수께서는 이 사랑의 회복을 위해 공적인 사역과 십자가의 고난을 감당하신 것이다. 특히 그는 모든 율법을 뒤로하고 인류에게 새로운 법 곧 사랑의 법을 제시하였다. 즉, 신약성경 요한복음 13장 34절에서 "새 계명을 너희에게 주노니 서로 사랑하라" 라는 것이다. 그 사랑의 대상은 인간과 인간의 영역을 넘어서 있다. 마태복음 22장 37절에 "네 마음을 다하고 목숨을 다하고 뜻을 다하여 주 너의 하나님을 사랑하라"그리고 39절에는 "네 이웃을 네 자신과 같이 사랑하라"라고 말씀하셨다. 예수께서 제정하고 공포한 새로운 사랑의 법은 그 대상이 하나님과 인간으로 그리고 그 공통분모가 사랑이라는 특성을 보이고 있다.

---

166 길귀숙, "성경에 나타난 예수 그리스도의 상담자의 모본 및 교회사회복지적 적용," **한국인간복지실천연구** 5 (2010): 325.

167 **같은 글**, 335-336.

앞서 제시한 성령의 열매는 곧 사랑의 열매라고 쉽게 간파할 수 있을 것이다. 참된 기쁨과 평화 그리고 인내, 가엾게 여기고 베풀고자 하는 마음이나 친절함과 따뜻함으로 소통하고 또한 양보할 수 있고 자신의 욕구나 이익을 참고 조절할 수 있고 진심어린 마음으로 대할 수 있는 것은 그 누군가에 대해 사랑으로 충만할 때 가능한 것이 아니고 무엇이겠는가! 사실 우리가 누군가를 진심으로 사랑할 때 세상의 어떠한 법도 필요 없지 않겠는가? 왜냐하면 그는 그 사랑의 마음만으로도 가장 사람다운 사람의 삶을 그리고 좋은 성격과 인격으로 살아갈 수 있기 때문이다! 주변의 사람들은 그러한 사람을 보고 분명 참으로 인성이 좋은 사람이라고 말할 것임에는 분명하다.

종교적 이념을 떠나 하나님 형상이라는 인간 정체성 회복과 성령의 열매는 시대를 막론하고 모든 사람들에게 환영받을 수 있는 긍정성과 보편성을 지니고 있다고 해도 과언이 아닐 것이다. 기독교라는 단어를 굳이 적용하지 않는다고 하더라고 사랑과 사랑을 기반으로 하는 사랑의 열매는 인성함양을 위해 거론되는 덕목의 근본 및 각 가치와 덕목과 직결된다고 볼 수 있다. 앞서 언급한 것처럼, 인성교육진흥법에서 제시하는 핵심가치 덕목으로는 “예(禮), 효(孝), 정직, 책임, 존중, 배려, 소통, 협동”이며 대학생의 경우 이 덕목 외에도 “의사소통 능력이나 갈등, 협상 능력, 리더십, 공동체 삶을 지향하기 위한 봉사나 인류의 보편적 가치에 해당하는 인간 본성회복과 나눔”등이 부수적으로 요구되고 있다.[168] 덕목이나 추가적 요구사항을 보면서 그 요소를 갖추고 함양하는 과정이 결코 쉽지 않다는 느낌이 들 수 있다. 이런 이유로 바람직한 함양의 통로가 어떻게 마련되어야 그 가능성을 현실화하는 데 더욱 효과적일지에 대한 질문 앞에 서도록 이끌지도 모른다. 그러나 해답은 언제나 간단하다. 사람을 사랑하는 마음이 우리에게 있다면 이 모든 것이 자연스럽게 실천될 수 있을 것이다. 중요한 것은 그 사랑이 어떠한 사랑이냐는 것에 있다. 예수께서는 그에 대한 해답을 잘 제시하여 주었고 우리에게 그렇게 할 수 있도록 명확한 길을 안내해 준 기독교 상담의 원형이다.

168 김선주, “인성교육 진흥법 핵심가치덕목에 근거한 대학생용 인성 척도 개발,” **교양교육연구** 11, no. 3 (2017): 218-219.

4) 기독교 상담을 통한 대학생 인성교육

가) 교육의 목적

인성교육진흥법이 제정되고 시행된 이후 각 학교급별 인성교육을 위한 노력이 다양한 형태로 진행되고 있다. 대학 역시 예외일 수 없다. 김은주와 성명희는 "대학생의 대인관계 역량과 글로벌 역량 함양을 위한 핵심역량 기반 인성교육 프로그램 개발 및 효과검증"에서 대학교 인성교육과 관련한 동향들을 소개하면서 대학들에서 인성교육을 강화하고 확대하고 있는 움직임이 두드러지고 있다고 제시하고 있고 앞으로의 대학 인성교육은 "건전한 인격을 가진 사회의 보편적 가치를 습득한 인성을 함양할 수 있는 체험중심의 인성교육"의 필요성과 "글로벌 사회의 다원적 가치를 이해하고 포용할 뿐만 아니라 이를 관리해 나갈 수 있는 능력을 포함하고 있으며, 다원화된 사회에서 자신의 선택과 결정 그리고 참여와 헌신의 덕목이 강조되는 핵심역량의 측면으로 이해"되고 있음을 제시했다.[169]

글로벌 시대 그리고 다문화적 상황에서 인성교육의 초점은 이론적 난립보다 다양한 상황에서 긍정적 대인관계를 전개할 수 있고 이를 통해 시너지 효과를 창출할 수 있는 것이어야 할 것이다. 물론 여기에는 상기 인용에서 살펴본 바 사회의 보편가치와 세계화 시대 가운데 가치의 다원적 차원에 대한 수용과 관리의 능력이 지닌 중요성이 부과되어 있다고 볼 수 있다. 단순히 유동성이 거의 전무한 폐쇄 공동체에서 이루어지는 상호작용에서 요구되어지는 도덕률이나 관계 방식에 대한 측면이 아니다. 물론 그 안에서도 보편가치의 추구는 여전하겠지만 지금 다루는 부분은 그보다 더 광범위하고 다양한 상황을 전제로 하고 있다. 무언가 복잡해 보인다. 그렇다고 글로벌을 포기하고 다원화를 무시할 수 없다. 그것은 일시적인 현실 현상만이 아니라 이제는 삶 자체이기 때문이다. 특히 작금의 대학생들에게는 더욱 그러할 것이다.

우리 옛 속담에 "바쁠수록 돌아가라"는 말이 있다. 허둥지둥 이것저것 손에 잡히는 대로 잡고 발이 닿는 대로 뛰어다닌다고 대수는 아닐 것이다. 해야 할 것이 많고 급하고 복잡할수록 본질을 잘 파악하는 것이 중요할 것이다. 학점관리에 동아리 활동, 아르바이트, 봉사활동, 다양한 교내 활동, 친구와의 일들, 취업에 필요한 스펙 쌓기 등 요

169 김은주, 성명희, "대학생의 대인관계 역량과 글로벌 역량 함양을 위한 핵심역량 기반 인성교육 프로그램 개발 및 효과검증," **한국핵심역량교육학회 학술대회지** 3 (2016): 214-215.

즘 대학생들은 참 분주하다고들 한다. 이런 시기에 인성교육을 운운하는 것은 사치일 것 같다는 느낌이 들 수도 있다. 나중에 취업해서 혹은 잘 되고 나서 아니면 어느 정도 자리를 잡고 나서 인간관계는 잘하면 그만이지라고 간결한 생각으로 접어버릴 수도 있을 것이다. 그러나 관계적 존재로서의 인간은 어디까지나 상호작용 특성과 방식, 관계경험을 발판으로 생존하고 생활한다는 엄연한 삶의 바탕을 스스로 무시하거나 비껴갈 수는 없을 것이다.

요구되는 좋은 인성을 갖추는 과정은 결코 어려운 과제가 아니다. 인간 심리구조의 근간을 형성하는 데 있어서 유아기 양육자와의 상호작용은 중요하다. 이를 매우 중요하게 생각하고 초점화하고 있는 심리이론 중 대상관계이론이 있다. 이 분야의 주요 이론가인 페어베언(W. R. D. Fairbairn)은 인간의 가장 핵심적인 특성으로 관계성을 제시했다.[170] 그는 유아기 삶에서부터 이 특성이 적절한 돌봄을 통해 지원받고 충족되지 못하는 경우 분열성이 어떻게 발생하는지를 다루면서 분열성에 담겨진 두 가지 비극을 소개하는데 그 첫째는 "자신의 사랑이 사랑하는 대상을 파괴시킬 것이라고 느끼는 것"이며, 둘째는 "마음 깊은 곳에서는 사랑하고 사랑받기를 원하면서도, 실제로는 증오하고 증오받고자 하는 충동에 굴복하는 것"에 있다고 제시한다.[171] 이러한 주장은 인간이 하나님의 형상이라는 기독교적 입장을 잘 대변해 주는 것 같다는 느낌과 그만큼 사랑이 지닌 중요성을 실감하게 한다.

기독교에서 제시하는 하나님의 형상의 견해에서 보면 좋은 인성과 관련된 모델인 예수의 모습을 바탕으로 그리고 이를 통해 다시 새로운 삶을 꾸려 나갈 수 있다는 것은 인간이 지니고 있는 본래적 정체성의 드러남이자 인간의 고유 능력의 회복이기도 하다. 따라서 기독교 상담 인성교육 프로그램의 목적은 원래 인간에게 주어진 것이었지만 어느 순간 그 의미와 기능을 왜곡 및 상실한 것을 다시 회복시키는 것에 있다. 회복은 곧 인간 본래의 정체성의 회복이며 참 사랑으로의 돌이킴이다. 이는 곧 전인적 회복을 통해 성령의 열매 곧 참 사랑의 열매를 삶에서 거두어들일 수 있는 능력의 회복이요 인성 변화의 새로운 행보이기도 하다.

170 W. R. D. Fairbairn, **성격에 관한 정신분석학적 연구**, 이재훈 역 (서울: 한국심리치료연구소, 2003), 181-182.

171 **같은 글**, 39.

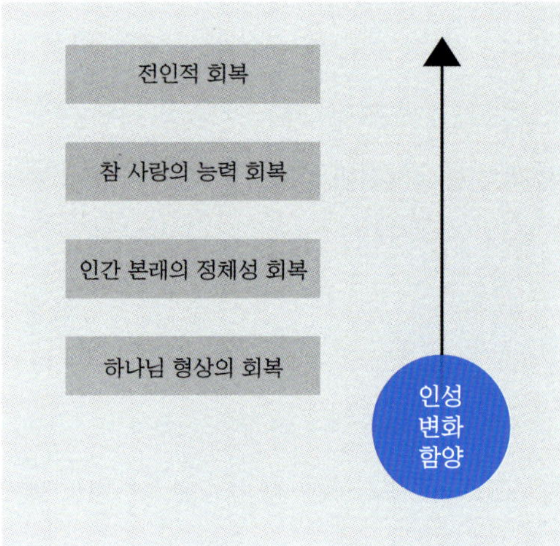

종교적 인성 : 성령의 9가지 열매(갈라디아서 5장 22-23절)

나) 교육의 주체 및 대상

기독교 상담이 추구하는 궁극적 목표는 하나님 형상의 회복이라고 했다. 이 주제는 많은 인력과 물질적 자원이 동원되어야 할 필요가 없다. 왜냐하면 하나님 형상은 모든 인간에게 부여된 하나님의 선물이기 때문이며 인간 본래의 정체성이기 때문이다. 없는 자원도 아니고 원래부터 있는 요소이기 때문에 이를 끄집어내어 활성화시키고 실현가능성을 실천의 영역에서 펼쳐낼 수 있도록 하는 것이 요지일 것이다. 기독교 상담이라는 차원에서 주체와 대상을 다루어 본다면 상담자와 내담자의 형태가 될 것이다. 이를 대학생 인성교육의 장에서 인용하여 활용한다면 일차적으로 상담자인 주체는 예수이고 내담자인 대학생은 대상이 될 것이다. 한편 예수의 지침을 따라 스스로 적용을 한다면 현실에서 드러나는 주체와 대상이 모두 당사자가 될 것이다. 나아가 적용과 훈련을 통해 예수의 대변자와 대리인으로서 활동이 가능하다면 또 다른 교육의 주체가 될 것이다. 그러므로 교육의 근본 주체는 예수이며 파생된 주체는 대학생 자신이 된다. 대학생 스스로는 교육의 대상이면서도 동시에 파생 주체로서의 입장에 있을 수 있다.

다) 교육 내용 및 방법

기독교 상담을 통한 대학생 인성교육 프로그램은 기독교 상담의 원형인 예수의 방법론을 채택하고 이를 먼저 체험하고 체득한 사람의 조력과 스스로의 적용 및 훈련을 가능하게 하는 지침 내용으로 구성하고자 한다. 이를 위한 교육 내용으로는 정체성 회복, 용서, 사랑의 소통, 삶의 의미의 네 영역 단위로 구성된다. 인간 본래의 정체성인 하나님 형상의 회복에 초점을 둔 정체성 회복은 기존 삶을 통해 형성된 정체성을 살펴보고 그 이면에 놓인 본래적 정체성을 살펴봄으로써 스스로의 소중함과 고유의 자존감을 되찾는 데 도움을 준다. 용서는 아가페 사랑의 절정이며 핵심이다. 용서의 각 단계를 이해하고 과거의 삶에 적용하고 현재의 대상에게 실행함으로써 다양한 부정적 감정을 중화시키고 긍정적 감정 마련을 통해 바람직한 자기사랑을 회복하고 대인관계 회복 및 긍정적 상호작용을 일구어 냄으로써 자존감 고양에 도움을 준다. 사랑의 소통은 먼저 다가갈 수 있음과 공감 및 도움을 훈련함으로써 대인관계능력과 문제해결 능력을 증진시키고 대인관계를 풍부하게 유지시킬 수 있도록 돕고 자기효능감 강화에 도움을 준다. 인간은 삶의 의미를 찾을 때 비로소 건강한 삶을 살아갈 수 있다. 이를 위해 삶의 의미를 이해하고 시간의 흐름 가운데 의미를 짚어보고 현재의 삶에서 의미를 추구함으로써 다양한 현실적 어려움과 역경을 인내하고 긍정적으로 적응하면서 미래에의 희망을 품고 이를 위해 현실적 삶에 충실할 수 있도록 돕는다.

라) 교육의 장

기독교 상담을 통한 대학생 인성교육 프로그램의 실시는 학교에서의 비교과 영역 혹은 학교생활 전반 그리고 개인 삶의 공간 전반에서 이루어질 수 있다. 따라서 교육의 장은 삶의 전영역이 될 것이다. 성격과 인격 그리고 인성의 변화는 공간적 요소의 중요성보다 학습내용과 경험 요소가 차지하는 비중이 월등히 크다. 하나님의 형상이 인간 본연의 정체성이라면 이를 일깨우고 회복시키고자 하는 바람 가운데 기독교 상담의 원형으로서의 예수의 방법을 따라 적용하고 훈련을 감행해 낼 수 있는 욕구와 용기가 있다면 그곳이 바로 교육의 장이 될 것이다. 따라서 교육에 임하는 당사자는 자신의 내면을 비롯한 삶의 전 시공간이 중요한 교육현장임을 인지할 필요가 있다. 한편으로는 때로 일정기간 일정 장소에서의 집중 적용과 훈련이 요청될 수도 있을 것이다. 이는 대학 내 공간의 활용으로 교육의 장 확보가 충분할 것으로 파악된다.

4. 프로그램 개요

정체성 회복 -하나님의 형상 회복-	용서 -자기사랑의 회복-
사랑의 소통 -관심갖기·공감-	삶의 의미 -희망과 도전-

[그림2] 프로그램 개요

1) 정체성 회복 : 하나님 형상의 회복

인간은 자신만의 고유한 정체성을 지니고 있다. Identity는 정체성에 대한 영어 표기인데 이 용어는 에릭슨이 최초로 사용하였다고 하며 에릭슨은 "내적인 불변성과 연속성을 유지하는 각 개인의 능력(심리학적인 의미에서의 개인의 자아)이 타인에 대한 자기의 의미가 갖는 불변성과 연속성에 합치하는 경험에서 생기는 자신의 것"으로 정체성을 파악했다.[172] 이 개념에는 내가 바라보고 감지하는 '나'라는 모든 것이 확실한 것으로 파악되는 동시에 다른 사람으로부터 승인되는 내용을 내포하고 있는 것이기에 대인관계 및 상호작용이 매우 중요하다.[173] 앞서 제시한바 인간은 관계적 존재이기에 관계에서 파악되는 '나'라는 개념은 동시에 '나'에 대한 전반적 인식과 지각 내용을 형성하는 것이 된다.

다양한 관계경험의 내면화를 이야기할 때 인간 무의식 혹은 내면세계 내 자기감과 자존감 등을 다루면서 정체성의 기초를 논하는 대상관계이론에서는 그 관계경험의

172 김희영, "기독교인의 정체성 형성에 관한 연구-자기항상성, 자율성, 자존감을 중심으로," **선교와 신학** 44 (2018): 234. (재인용, 원 글은 박아청, **에릭슨의 인간이해**, 서울: 교육과학사, 2017).

173 **같은 글**, 236.

첫 출발을 주 양육자와의 상호작용에서 파악하고 있다고 한다. 한편 너무나 잘 알려진 에릭슨의 심리사회적 발달 노선에서는 청소년기가 되어서야 정체감을 확립하는 과제를 맡게 된다고 했다. 이렇듯 인간 내면을 다루는 심리학적 이론의 틀에서는 정체성에 대한 이야기가 모두 특정 발달 시기 혹은 여러 발달 시기에서의 관계경험 및 환경과의 거래 등에 집중하고 있음을 알 수 있다.

기독교는 인간 최초의 관계설정을 하나님과 인간 간의 관계로 파악하고 있다. 이 이후에 인간과 자연 그리고 인간과 인간의 관계가 주어진 것이다. 따라서 기독교적 시각에서 인간의 정체성은 처음 객관적 대상으로서 존재하는 하나님과의 관계와 하나님으로부터 승인된 내용으로 형성되었음을 성경을 통해 살펴볼 수 있다. 하나님은 자신과 마주하는 인간을 어떠한 내용으로 바라보고 승인하였는가? 바로 하나님의 형상이라는 것이다. 이것이 인간의 최초 정체성이다. 그리고 모든 인간의 출발이 여기라는 것이다. 인간은 인간을 알기 이전에 하나님을 먼저 알았던 것이고 그러한 특성은 인간 모두에게 공통적으로 내포되어 전해지는 내용이기도 하다.

개인에게 정체성이 마련되는 과정에 있어서 "자기항상성과 자율성과 자존감"이라는 요소가 매우 중요하게 작용한다.[174] 이를 기독교적 시각에서의 하나님 형상이라는 인간 고유의 정체성에 대입해 보면 인간은 언제나 어느 상황에서나 하나님의 이미지가 내포된 존재이며 그것이 자아 존중감의 바탕이며 또한 자율적 활동의 원천이 된다고 말해 볼 수 있을 것이다. 이 얼마나 고귀하고 위대함을 불러일으키는 내용인가! 그럼에도 불구하고 이 본래적 정체성의 특성은 아쉽게도 후천적 인간 관계경험에 의해 형성된 정체성으로 인해 고유의 힘을 그대로 내지 못하는 형편에 처하게 된다. 앞서 살펴보았듯이 성격이란 것이 그 사람 그 자체에 관한 내용들이고 이는 곧 그의 인격이나 인성과 직결되는 것으로서 후천적 관계경험에 의해 형성되는 평생 삶의 심리적 조건이고 유일한 자원으로 기능하기 때문이다. 따라서 본래적 정체성을 회복하는 것에는 후천적 정체성의 핵심 내용을 이해하고 본래적 정체성을 바탕으로 이를 다시 재배열할 필요가 있다. 이를 위해 몇몇 성경 지침을 제시하면 다음과 같다.

---

174 **같은 글**, 246.

가) 후천적 정체성에 대한 이해

- 에고그램(Ego-gram) 테스트 활용(http://www.egogramtest.kr)

에고그램에 대한 네이버 지식백과에 나오는 내용은 다음과 같다.[175]

> 미국의 심리학자 듀세이(John M. Dusay)가 고안한 성격 분석 표지법
>
> 복잡한 사람의 성격을 5가지 성향으로 구분해 분석할 수 있도록 표준화한 것이다. 듀세이는 복잡한 사람의 성격을 부모(parent), 성인(adult), 아이(child)의 3가지 성격으로 구분하고 이 3가지에 의해 인격이 형성된다고 보았는데, 이 중에서 부모는 비판적 부모와 양육적 부모, 아동은 자유분방한 아동, 부모에 순응하는 아동으로 구분하였다. 즉, 이 5가지 성격을 비판적인 부모마음(CP: critical parent), 양육하는 부모 마음(NP: nurturing parent), 성인(A), 자유로운 어린이의 마음(FC: free child), 순응하는 마음(AC: adapted child)으로 구분하고, 5가지 성향을 순서대로 고(A) · 중(B) · 저(C)로 수치화하여 그래프로 나타낸 것이 에고그램이다.

정체성은 타자의 반응에 의해 형성된 자기에 대한 지각과도 같은 것이다. 즉, 무엇으로부터 확인된 것인데 대인관계를 중심에 두고 본다면 타자의 반응이 주된 역할을 한다고 볼 수 있다. 정체성 형성을 대상관계이론이 중시하는 유아기 관계경험부터 에릭슨의 사회심리발달에서 바라보는 청소년기의 발달 단계까지 확장해서 살펴본다면, 에고그램에 나오는 각 영역에 대한 수치 결과는 바로 이 기간 동안의 중요한 타자와의 관계경험 내 상호작용에서 타자의 반응과 스스로의 지각에 의해 형성된 결과가 된다. 물론 이를 바탕으로 자기 및 타자에 대한 인식 및 반응이 이루어진다. 따라서 이를 살펴보는 것은 후천적 정체성을 파악하는 데 유용할 것이다.

나) 인간 본래의 정체성에 대한 이해

| a. 하나님 형상에 대한 이해 |

- 지금까지 다룬 내용을 토대로 할 때, 인간 본래의 정체성은 하나님의 형상이

175 **네이버 지식백과**, 2019. 1. 25. 검색.

다. 그렇기 때문에 그 어떤 피조물보다 참된 사랑에 대한 열망이 가득한 존재이며, 나아가 그러한 관계 경험 가운데 진실한 사랑을 경험하고 실현하려는 존재가 인간이다. 기독교적 견해에서 볼 때 참 사랑을 받고 싶고 또한 나누고 싶은 인간의 근원적 동기는 하나님의 형상이라는 인간의 본래적 정체성에서 비롯되는 것이다. 그러므로 인간 본연의 정체성을 회복한다는 것은 종교의 울타리를 떠나 사람다운 삶을 향한 첩경이 아닐 수 없다. 이와 관련한 교육은 아래의 성경 구절에 대한 눈으로의 읽음과 마음으로의 읽음에 있다. 눈으로 읽는다는 것은 고요한 상태에서 말 그대로 눈으로 문자를 수용하는 것이고 마음으로 읽는다는 것은 인간적인 선입견과 해석을 배제하고 마음으로 문구가 가져다주는 힘에 스스로를 개방하는 것이 중요하다. 하나님 형상에 대한 이해에 필요한 성구는 다음과 같다.

> **"하나님은 사랑이심이라"** (요한일서 4장 8절)
>
> "하나님이 당신의 형상대로 사람을 창조하셨으니,
> 곧 하나님의 형상대로 사람을 창조하셨다." (창세기 1장 27절)

| b. 인간에 대한 하나님의 최초 승인 내용 이해 |

- 인간의 마음은 타자의 다양한 반응을 내면화하고 그것을 자기화하여 자기의 일부 혹은 자기 자체를 구성하는 주재료로 활용하는 특성을 지니고 있다. 가령 아이를 돌보는 엄마가 아이의 다양한 태도와 행동에 얼마만큼 어떠한 반응을 하느냐에 따라 아이는 본인의 감각에 대해 긍정적 혹은 부정적 판단을 하게 된다고 한다.[176] 관계적 존재인 인간은 자신이 자신을 지각하고 어떠한 형태로 규정하는 것이 아니라 타자의 반응에 따라 자신을 지각하고 규정하며 자신에 대한 평가를 한다는 것이다. 따라서 타자로부터 어떠한 승인을 받느냐는 매우 중요하다.

부모의 사랑이 지극히 위대하지만 완벽하지는 않다. 그만큼 모난 구석이 존재할 수

176 Donald W. Winnicott, **성숙과정과 촉진적 환경**, 이재훈 역 (서울: 한국심리치료연구소, 2000), 60-61.

밖에 없다는 것이다. 유능한 가족치료전문가인 사티어(V. Satir) 역시 대부분의 가정이 많이 손상되어 있음을 보고한 바 있다. 그만큼 인간은 중요한 타자와의 관계 경험에서 타자의 긍정적 반응과 승인을 얻어내어 자기화하지 못한 내용들이 많다는 것을 의미한다.

반면 성경에 그려진 하나님의 최초 승인 내용은 인간의 생각과 행위에 초점을 두면서 매우 긍정적인 양상을 보여주고 있다는 것이다. 성경 창세기 2장 19절에는 하나님이 지으신 다양한 동물과 새에게 최초의 인간인 아담이 이름을 지어주는 장면이 나온다. 여기서 아담이 어떻게 이름을 짓든 그것이 그 동물의 이름이 되었다는 것이다. 이러한 하나님과의 관계 경험 가운데 최초의 인간은 높은 자존감이나 자긍심, 자기 효능감 그리고 자신에 대한 일관성 있는 지각 내용을 통해 긍정적 자기 정체성을 획득하고 있었음을 가늠해 볼 수 있다. 신의 사랑이 변함없듯이 이 최초의 긍정적 반응으로부터 비롯된 승인 내용과 그로 인한 긍정적 정체성의 특성은 또한 모든 인간의 본래적 정체성을 형성하는 주요 내용이 되었음을 확인해 볼 수 있다. 인간에 대한 하나님의 최초 승인 내용을 이해하기 위한 성구는 다음과 같다.

> "주 하나님이 들의 모든 짐승과 공중의 모든 새를 흙으로
> 빚어서 만드시고, 그 사람에게로 이끌고 오셔서, 그 사람이
> 그것들을 무엇이라고 하는지를 보셨다.
> 그 사람이 살아 있는 동물 하나하나를 이르는 것이 그대로
> 동물들의 이름이 되었다." (창세기 2장 19절)

■ 활동 자료 - 정체성 회복: 하나님의 형상 회복 활동지

정체성 회복 - 나는 "하나님의 형상"이다!

1. 후천적 정체성

* 에고그램(Ego-gram) 테스트 결과를 적어보세요.

* 에고그램(Ego-gram) 테스트 결과에 대한 나의 생각과 느낌을 적어보세요.

2. 본래적 정체성: 나는 "하나님의 형상"이다!

- 그럼에도 불구하고	* 에고그램(Ego-gram) 테스트 결과에 따른 나의 대인관계 방식을 인정합니다. 그럼에도 불구하고 나의 속마음은 ~과 같았다. 예) 테스트 결과 CP 에 높은 점수가 나왔다. 그래서인지 매사에 비판적인 면이 많았다. 오늘 친구가 수업교재를 챙기지 않고 와서 과제를 함께 작성해야 했기에 '왜 다음날 사용할 물건들을 전날에 챙기지 않니? 당연히 미리 챙겨두어야 하는 거 아니니?'라고 다그쳤다. 그럼에도 불구하고 사실 내 마음은 친구가 실수를 줄여서 더 나은 사람으로 살아가기를 바랐고, 다른 사람에게 피해를 주기보다 더 멋진 사람으로 기억되기를 바라는 마음이 더 컸다.

- 하나님의 승인 내용	* 하나님은 나의 성격적인 반응보다 하나님 형상으로서의 나에 대해 더 관심이 많으시다. 하나님이시라면 다음과 같이 승인하셨을 것이다. 예) CP 점수가 높게 나온 걸 보니 자라면서 이와 관련된 경험이 많았구나. 하지만 ㅇㅇ의 원래 마음은 친구가 실수를 줄여서 더 나은 사람으로 살아가기를 바라고 있었고, 더 멋진 사람으로 기억되기를 바랐던 것을 잘 안다. ㅇㅇ는 원래 그런 사람이고, 그런 마음을 실천할 수 있는 하나님의 형상임을 다음에는 꼭 기억하자!

2) 용서 : 자기사랑의 회복

기독교 상담의 원형인 예수의 행위는 아가페 사랑의 전형을 보여주고 있다. 그 사랑의 하이라이트는 십자가상의 용서에 있다. 아무리 좋은 인성을 가진 사람이라도 스스로 아무 죄도 없는 무죄한 상태에서 근거 없는 모함에 휘말려 자신의 생명을 형장의 이슬로 사라지게 하지는 않을 것이다. 그러나 예수께서는 그 길을 선택하셨고 십자가형으로부터 비롯된 극심한 고통의 상태에서도 자신을 죽음으로 몰아간 당사자들을 용서하셨다. 그가 여타 고등종교의 창시자와 같이 인성교육을 위해 탐구되고 연구되는 주요 인물이라면 과연 그의 용서는 어떻게 이해할 수 있는가? 기독교에서는 아가페 사랑을 바탕으로 원수를 용서하고 그들을 위한 희생양이 되기까지 인간을 사랑한 하나님의 사랑 그리고 그 사랑을 몸소 실천하시고 급기야 죽음의 문턱에서조차도 확연하게 보여주신 예수의 그 아가페 사랑과 이를 바탕으로 한 용서가 핵심정신이요 인간 삶의 주 목표로 제시된다.

타자에게 사랑을 베풀고 친절하게 대하려면 먼저 우리 자신을 사랑할 수 있어야 하고 자기 스스로를 배려할 수 있어야 하는데 이 법칙을 적용해 보자면 용서는 무엇보다도 자기를 사랑하는 법이라고 할 수 있다.[177] 나아가 용서하는 과정을 통해 상대방이 나에게 진 빚에서 상대방을 풀어주는 것이고 또한 "나 자신도 풀려나는 과정"을 포함하고 있다.[178] 자신을 사랑하는 법 그리고 자신을 풀어주는 법이 용서라면 그 과정을 통해 얻는 것은 진정한 자유일 것이다. 즉, "과거의 나쁜 영향에서 벗어나 순수한 자유에 도달하게 되는 유일한 길"이 바로 용서인 것이다.[179] 이러한 용서의 근원은 바로 하나님께 있다. 다시 말해서 "용서는 하나님이 시작한 일"이다.[180] 용서는 처음 인간의 죄 앞에서 그리고 인류의 죄성 앞에서 하나님이 먼저 선택한 사랑의 행위이며 결단이고 나아가 인간 개개인 스스로에게 참된 사랑과 자유를 선사하는 행위이기도 하다. 따라서 용서에 대한 교육은 필수불가결한 요소이다.

용서는 상처로부터의 회복, 갈등 해소와 극복, 안정된 자아와 자아의 성숙 곧 좋지 않은 측면까지 통합할 수 있는 자아 능력의 증진을 통해 더 나은 대인관계 형성과 긍정적 상호작용을 담당할 수 있는 사회구성원 배출을 위해서도 매우 중요한 역할을 담당한다.[181] 그러므로 용서는 기독교 상담에서도 일반 삶의 영역에서도 인성함양을 위해 꼭 진행되어야 하는 실천적 덕목이기도 하다. 이를 위해 David Stoop & James Masteller가 제안한 용서에 대한 작업지를 다음과 같이 제시한다.[182]

177 David Stoop & James Masteller, **부모를 용서하기 나를 용서하기**, 정성준 역 (서울: 예수전도단, 186).

178 **같은 글**, 194.

179 **같은 글**, 185.

180 **같은 글**, 189.

181 김광수, "용서에 대한 고찰과 교육적 적용," **教育學研究** 39, no. 2, (2001): 8.

182 David Stoop & James Masteller, 379-80.

■ 활동 자료 - 용서 작업지(Worksheet for My Forgiving)

1. 손상을 인식하라.
당신이 용서해야 할 필요가 있는 사람은 누구입니까?

그들은 당신에게 어떻게 상처나 피해를 입혔습니까? 무슨 일이 일어났었는지 묘사해 보십시오.

2. 연관된 감정을 파악하라.
일어난 일에 대해 당신이 지니고 있는 감정(느낌)을 열거해 보십시오.
"나는 이 일을 살펴보는 것이 두렵다. 왜냐하면..."

"내가 죄책감을 느끼는 부분은 …"

"내가 수치심과 창피를 느끼는 부분은 …"

"내가 화나는 부분은 …"

3. 자신의 상처와 분노를 표현하라.
만일 내가 그 사람(들)에게 원하는 바를 말할 수 있다면, 내가 말할 것은 …

4. 자신을 보호하기 위해 경계선을 설정하라.
현재, 그리고 미래에 자신을 보호하기 위해 당신이 할 수 있는 것은 무엇인지 열거해 보십시오.

적은 목록이나 앞으로 적을 내용을 당신이 신뢰하는 누군가에게 나누십시오. 어쩌면 용서 작업지를 다 끝내기 전에 해야 할지도 모릅니다. 1-3단계를 철저히 실천하고 4단계에서 현실적인 자세를 취할 수 있도록 그들에게 도움을 부탁하십시오. 그 다음 단계로 넘어가기 전에 충분한 시간을 가지십시오.

5. 빚을 청산하라.
자신의 기대에서 다른 사람들을 풀어 주었을 때, 당신은 용서할 준비-빚을 청산할 준비-가 된 것입니다. 용서하겠다는 자발적인 마음을 상징적으로 표현하기 위해 당신이 할 수 있는 것을 적어 보십시오.

6. 화해의 가능성을 고려하라.
왜 당신은 화해를 원합니까?

만일 상대방에게 다가간다면, 상대방은 어떻게 반응할 것 같습니까?

당신이 가장 원하지 않는 반응을 보일지라도 받아들일 수 있습니까?

화해를 위해 상대방이 그들 자신의 문제들을 다루기로 마음을 열었는지 당신은 어떻게 확인할 수 있습니까?

3) 사랑의 소통

사랑이 어떻게 인간을 변화시킬까? 사랑과 인간의 변화라는 주제를 두고서 예수께서는 그에 대한 직접적 적용과 실천을 통해 새로운 통찰을 마련하는 장으로 우리를 초대한다. 가령 누가복음 19장에 세리장 삭개오[183] 라는 사람이 등장한다. 그는 "부정으로 많은 재산을 모아 유대인에게 원성과 멸시를 받았으나 예수를 만나게 되어 모든 것을 고백했다."[184] 누가복음 19장 7절에도 당시 사람들이 그를 "죄인"으로 판단했음을 볼 수 있다. 정당하게 돈을 벌지 않은 그 자체만으로도 많은 사람들에게 피해를 주며 살아왔음을 알 수 있다. 그러한 삭개오를 과연 인성이 좋다고 할 수 있겠는가? 절대 그럴 수 없을 것이다. 그는 지금의 용어로는 인성 쓰레기라는 과격한 단어를 연결해야만 제대로 표현될 수 있는 인물과도 같았을 것이다. 그는 부정으로 많은 재산을 모았지만 누구하나 그를 칭송하거나 잘했다 하는 사람이 없는 오히려 자신의 행위를 부끄러워해야 하고 속죄해야 할 죄인이었다. 성경에서 전하는 이야기의 핵심은 그가 변화되었다는 것이다.

삭개오의 변화는 누가복음 19장 8절에 "내 소유의 절반을 가난한 자들에게 주겠사오며 만일 누구의 것을 속여 빼앗은 일이 있으면 네 갑절이나 갚겠나이다"라는 그의 작정과 다짐에 잘 나타나 있다. 달라진 그의 모습을 통해 인간 본래적 모습의 회복을 관찰할 수 있으며 자신에게 해를 입은 사람들의 회복을 위한 굳건한 책임감이 엿보인다. 나아가 자신으로 하여금 어려움을 겪은 주변 사람들에 대한 인간적 예의와 섬김, 실수에 대한 정직한 고백과 용서를 구하는 심정, 세리장으로서 이를 지혜롭게 해결하려는 심정, 그리고 이제 공동체의 일원으로서 더불어 살기 위한 제스처 등이 그의 말 속에 내포되어 있음을 전달받을 수 있다. 더군다나 그는 가난한 사람들을 위한 나눔까지 제시하고 있는 것이다. 삭개오의 이런 변화를 두고 인성의 변화와 함양이 제대로 이루어졌다고 보아도 무방할 것이다.

삭개오가 변화하는 데 동기가 된 것은 지식이나 공동체의 노력, 죽을 만큼의 고난

183 삭개오에 대한 이야기를 자기심리학적 관점에서 예수의 사랑과 공감으로 다룬 허선호, "삭개오 이야기에 내포된 과대 자기에 대한 고찰," **상담과 신학** 3 (2017): 76-96. 가 있다. 이하 삭개오에 대한 내용은 예수의 사랑과 공감이라는 측면에서 전개상 유사한 부분이 있을 수 있다. 한편 본 글에서는 인성에 초점을 두고 전개되고 있다.

184 **네이버 인명사전**, 2019년 1월 24일 검색.

도 아니다. 단지 예수의 진심 어린 사랑에서 비롯된 소통이 전부이다. 예수를 만난 삭개오 혹은 삭개오가 만난 예수에 대한 이야기와 삭개오의 변화에 대해 허선호는 삭개오의 과대자기가 예수의 사랑의 실천 곧 공감을 통해 "현실적 포부와 사랑을 향해 나아갈 수 있는 새로운 길을 모색"하도록 했다고 주장한다.[185] 이처럼 예수의 사랑은 인간자체의 성품과 인성의 변화뿐만 아니라 삶의 태도와 행동까지도 변화시키고 결단을 가져왔다는 것을 살펴볼 수 있다. 나아가 삭개오는 예수에 의해 곧 예수의 사랑에 의해 소위 상실되거나 왜곡된 하나님의 형상이 다시 회복되는 계기를 맞이하게 된 것이다.

삭개오가 맞이한 하나님 형상의 회복은 자신의 잘못을 감지하고 이에 대한 대처, 인간에 대한 애착과 책임 등을 고려할 때 하나님에 대한 자신의 태도 그리고 사람에 대한 자신의 태도에 동시적 변화를 가져온 것으로 파악된다. 하나님의 형상에는 하나님과 자기 자신과의 관계, 나와 내 자신과의 관계, 나와 타인과의 관계, 창조물과의 관계라는 "전인적 관계"를 포함하고 있다.[186] 따라서 하나님 형상의 회복은 이 네 영역에 대한 회복이기도 하다. 사랑의 치유와 회복력은 망가진 인격, 손상된 인성을 지닌 채 살아가던 한 사람에게 새로운 세상과 비전을 가져오게 하는 결과를 안겨다 준 것이다.

그린버그와 밋첼(Greenberg and Mitchell)은 페어베언(W. R. D. Fairbairn)의 경우 "인간의 근본적인 동기가 타자들과 접촉하고 그 관계를 유지"하는 것으로 파악하고 있다고 제시한다.[187] 그만큼 다가서고 만나고 상호작용하면서 관계를 형성하고 지속시켜나가는 것이 인간의 근원적인 욕구라는 것이다. 예수는 먼저 다가갔고 공감을 바탕으로 대화의 문을 열었으며 진심 어린 사랑으로 소통하였다. 그 결과 사회에서 죄인으로 취급받던 한 사람의 성품과 삶의 방식이 변화되는 기적과 같은 일이 일어난 것이다. 먼저 다가가는 것은 관심을 가지는 것이고, 공감은 인지적인 측면을 넘어 마음의 소리를 듣는 형태로 이루어지는 깊은 소통을 의미한다고 볼 수 있다. 예수의 공감을 잘 나타내고 있는 단어 '스플랑크니조마이(σπλαγχνίζομαι)'는 "애간장이 타고 뼈가 시리듯 상대방에 대하여 함께 아파하는 마음"을 의미하며 예수는 바로 이러한 마음으로 믿음 없는 사람들에게, 먹

185 허선호, 93.

186 서영준, "성경적 인간이해에 기초한 기독교교육-인간: '하나님의 형상' 개념을 중심으로-," **인간연구** 23 (2012): 154.

187 Jay R. Greenberg and Stephen R. Mitchell, **정신분석학적 대상관계이론**, 이재훈 역 (서울: 한국심리치료연구소, 1999), 255.

을 것이 없어 힘들어하는 사람들, 지식이 부족하여 어려움을 겪는 사람들에게 그리고 병으로 인해 고통을 당하는 자들을 향해 공감사역을 감행하셨다.[188]

예수의 사역 이야기는 우리 마음에 양심을 일깨우고 잠자는 하나님의 형상으로서의 정체성을 회복시킨다. 이를 참 만남, 더 나은 대인관계를 위한 현대 의사소통기법과 연관 지어 본다면 관심갖기와 공감이 있을 것이다. 피상적이고 기계적인 인간관계로 점철된 현대의 일상 그리고 그 가운데 인간에 대한 사랑과 신뢰를 점점 망각해가고 있는 우리네 삶의 모습에서 이웃에 대한 관심과 공감의 필요성은 말할 것도 없을 것이다. 더욱이 사회진출 전 마지막 교육의 장에서 더 나은 삶을 준비하는 대학생들에게는 그에 대한 교육의 필요성이 더욱 절실하다.

공감을 위해서는 먼저 다가가야 한다. 그만큼 관심을 가지고 능동적으로 출발해야 한다는 것이다. 누군가에게 관심을 갖는다는 것은 우리의 전 오감을 총동원해서 집중하는 것이며, 상대방이 무엇을 느끼고 있는지 그리고 어떤 고민을 하는지 이를 파악하고 함께 나누려는 마음이며 곧 인간에 대한 사랑에 기반을 둔 마음이다.[189] 우리가 예수가 아닌데 어떻게 그런 절절한 마음이 있겠느냐고 반문할 수도 있겠다. 더군다나 공감을 한다는 것은 가장 잘 경청하는 것을 말한다.[190] 그래서 매우 어렵게 생각될 수도 있다. 그러나 자신과 가장 가까이에 있는 사람들과의 관계를 생각해 보면 그것이 그리 어려운 것도 아니다. 왜냐하면 그러한 사람들과의 상호작용에서 이미 다양한 영역과 상황에서 경험해 본 것이고 지금도 경험하고 있는 것이기 때문이다.

집안 식구들이나 친한 친구 혹은 이성 친구 간의 관계 안에서 관심을 갖는 것과 공감은 쉽게 발견될 수 있다. 가령 우리는 식구 중 누군가의 시무룩한 표정을 보고 관심을 가지고 먼저 다가가서 상대의 정서 가운데 함께 머물면서 표정과 반응을 보거나 눈치를 살펴보았던 경험이 있을 것이다. 그리고 대화를 통해 그 마음을 나누면서 함께 슬퍼했던 기억이 있기 마련이다. 바로 그런 것이다. 관심과 공감의 능력은 누구나 가지고 있는 인간의 능력이다. 예수는 이 능력의 범위를 확장하여 모든 사람들에게로 넓혔다는 것에 큰 의미를 둘 수 있겠다. 그 정도의 실천 범위는 아니지만 적어도 조금씩의 진전은 가

188 김성희, "예수의 공감 사역-마가복음의 σπλαγχνίζομαι를 중심으로," **신약논단 20**, no. 3 (2013): 711.

189 박민수, **리더와 카운슬러를 위한 8가지 커뮤니케이션 기법** (서울: 시그마프레스, 2008), 64-65.

190 **같은 글**, 125.

져올 수 있을 것이다. 1990년대 거울신경(mirror neuron)의 발견으로 고등 포유류는 공감 기능을 위한 소위 공감의 생물학적 기능을 이미 지니고 있음을 알게 되었다. 사람은 훈련을 통해 그 어떤 동물보다 이를 더 활성화시킬 수 있는 가능성을 지닌 존재이기도 하다. 먼저 관심갖기에 대해 스스로 훈련할 수 있는 지침을 제안한다면 다음과 같다.

■ 활동 자료 - 관심 갖기

나의 '관심 갖기' 일기

1. 인간의 근본 동기에 대해

* 사람은 다른 사람들과 좋은 관계를 맺고, 그 관계를 유지하고자 한다는 사실을 오늘 하루 동안 몇 번이나 상기시켰는가?

2. 관심 갖기 일기

- 누구에게 - 왜?	* 오늘 누구에게 관심을 가지게 되었고, 왜 가지게 되었는가?
- 어떻게? - 인상적이었던 관심 갖기는?	* 어떻게 관심을 가져 주었는가? * 특히 기억에 남는 관심 갖기가 있다면?

- 예수 이야기에 적용	* 관심을 가졌던 상황 중 예수의 이야기와 연관을 지어본다면 어떤 이야기가 떠오르는가? 왜 그 이야기가 관련 된다고 생각하는가? * 예수 이야기에 적용하면서, 그렇게 내가 관심을 받아본 적이 있는가? 있다면 언제였는가?

다음으로 공감 훈련에 대한 부분이다. 공감은 머리로 이해하는 수준이 있고 마음으로 마음을 만나는 공감이 있다. 여기서 강조하려는 것은 무엇보다도 상대의 마음을 만나는 공감이다. 공감은 상대의 감정을 함께 느끼는 것이다. 사람의 마음 세계에는 감정으로 가득하다. 그렇기 때문에 진정한 공감은 마음에 노크를 하고 그 마음으로 들어갈 수 있어야 한다. 이 과정에서 상대방의 내면세계에 채색된 감정을 감지할 수 있게 된다. 감정이라는 것은 그 색깔이 다양하다. 따라서 공유되는 느낌이 매우 힘겹고 마음에 그대로 담아두기가 쉽지 않은 감정도 있다. 그렇기 때문에 진정한 공감은 사랑을 기반으로 이루어질 수밖에 없다. 공감은 사랑을 표현하는 데 있어서 가장 핵심에 위치하는 사랑의 소통방식이기에 사랑의 또 다른 이름이라고 불러도 무방할 것이다.

사랑과 공감은 마치 동전의 양면처럼 조화를 이루며 서로의 정체성을 더욱 선명하게 만들어준다. 마음을 제대로 만나줄 수 있는 공감은 곧 그만큼의 진실한 사랑이라는 영역에 근접하고 있다고 해도 과언이 아닐 것이다. 이를 기독교상담의 차원에서 다루어본다면 공감은 곧 하나님의 형상일 수 있으며 공감에는 "하나님의 정신"이 잘 드러나 있으며 공감은 무엇보다도 "관계성 회복"이라는 주제를 중점적으로 지향하고 있는 것[191]이라고 할 수 있다. 기독교상담의 궁극적 목표가 하나님 형상의 회복이라면 이는 공감을 통한 관계성 회복이라는 요소와 밀접한 관련을 지닐 수밖에 없게 된다.

191 임경수, **인간발달이해와 기독교상담** (서울: 학지사, 2013), 85-86.

대부분의 의사소통에 있어서 상호작용은 언어를 통해 이루어진다. 앨버트 메라비언(A. Mehrabian)에 따르면 "말의 내용의 전달력은 8%에 그친다. 나머지 60%는 신체 언어body language, 즉 거리감, 몸짓, 태도, 손짓, 얼굴 표정으로 전달된다. 그리고 32%는 말하는 사람의 말투, 즉 말의 속도rate of speech, 높이pitch, 음량volume, 음조tone로 전달"되기에, 무엇보다도 "비언어적 메시지에 관심"을 두는 것이 중요하다.[192] 이 이야기는 마음 세계를 채색하고 있는 다양한 감정들이 몸짓이나 음성과 관련된 요소들에 묻어서 자신들의 색깔을 드러낸다는 말이다. 따라서 진정한 공감이 이루어지기 위해서는 상대방에게 관심을 가지면서 동시에 상대방의 비언어적 요소에 집중을 해야만 한다.

참된 공감을 위해 매우 중요한 또 하나의 조건이 있다면 상대방의 그 무엇과 부딪치는 자신의 그 어떤 것에 둔감해질 필요가 있다는 것이다. 인간의 정체성에 대한 부분에서도 언급한 것이지만 우리는 다양한 관계 경험을 통해 '나'라는 감각과 정체성 그리고 성격과 인격을 지닌 유일무이한 한 사람으로 등장하게 된 것이다. 따라서 무엇으로부터 형성된 존재라고 할 수 있다. 그렇기 때문에 그 과정에서 가치관, 삶의 방식, 대인관계 유형 등 실로 '나'라는 존재를 이루는 그리고 '나'와 관계된 다양한 것들이 나름대로의 특성을 갖추게 되었다는 것이다. 그렇다면 내가 만나는 상대방 역시 동일한 과정을 통해 등장한 한 사람이다. 이러한 이유로 상대방과 맞지 않는 그 무엇은 결국 나 자신의 그 어떤 것과 연관되어 있다는 말이 된다. 결국 여기에 대해 둔감해지지 않는다면 쉽게 공감을 포기하고 자신만의 감정이나 생각, 가치관 등을 따라 가게 된다. 그러한 경우 진정한 공감은 결코 발생할 수가 없을 것이다. 상기 내용을 토대로 공감에 대해 스스로 훈련할 수 있는 지침을 제안한다면 다음과 같다.

192 박민수, 23.

■ 활동 자료 - 공감하기

나의 '공감' 일기

1. 비언어적 요소에 대한 집중

* 오늘 하루 공감을 하면서 머리로 이해를 하는 데 주력했는가? 아니면 상대방의 마음을 만나기 위해 최선을 다해 노력했는가?

* 상대방의 마음을 만나는 과정에서 비언어적 요소에 얼마나 집중을 하였는지 구체적으로 적어보라. 그리고 그때 - 거기의 느낌이 지금 - 여기에서 어떻게 느껴지는지 세밀하게 적어보라.

2. 둔감하기

* 공감하는 과정에서 상대방의 '그 무엇'이 나의 '그 어떤 것'과 부딪쳤는가?

* 나의 '그 어떤 것'에 둔감해지기 위해 어떠한 노력을 하였는가? 그리고 그 결과 공감에 어떠한 영향을 가져다주었는가?

* 나의 '그 어떤 것'에 둔감해지기 위한 노력에 도움 받을 만한 예수의 이야기가 있다면 무엇이며, 어떻게 도움을 받을 수 있을지 적어보라

4) 삶의 의미 : 희망과 도전

기독교는 예수를 통해 인간의 삶에 다가오신 하나님의 사랑을 이야기하고 있다. 예수는 민중들의 삶에 깊숙이 들어가 그들의 실존을 마음으로 껴안으며 그 속에서 사랑을 통한 삶의 의미 생성과 궁극적으로 하나님의 나라를 토대로 하는 삶의 의미 발견을 가능하게 했다. 인간은 잘 먹고 잘 입고 좋은 곳에서 쉴 수 있는 것만으로 무조건 마음에 흡족한 풍요로운 삶, 희망적이고 건설적인 삶을 살 수 있다고 장담할 수 없다. 왜냐하면 인간은 삶의 의미를 추구하는 존재이기 때문이다. 생존을 위한 욕구마저 제대로 충족시키기 어려운 상황에서도 살아가는 이유를 명확하게 발견한 사람은 희망을 가지고 새로운 삶을 위해 도전할 수 있는 것이 인간이라고 한다.

작금의 시대는 예수의 시대에 비해 먹을 것과 입을 것과 즐기고 누릴 수 있는 것들이 훨씬 풍요롭다. 그 혜택은 대학생들에게도 고스란히 전해지고 있다. 그러나 물질적 풍요 속의 정신적 빈곤현상이 가중되고 있는 아이러니한 현상이 사회 전반에 깊게 드리워지고 있다. 그만큼 삶의 의미를 상실하고 그 부족분을 감각적 행복에서 찾고 채우려는 양상이 짙어지고 있다는 것이다. 많은 사람들이 익히 알고 있는 매슬로우(A. H.

Maslow)의 욕구 단계론을 보아도 인간은 생리적인 욕구를 풍족하게 채우는 것만으로는 결코 사람답게 살아갈 수 없는 존재라는 것이 자명한 사실로 드러나 있다. 인간은 무엇보다도 삶의 의미를 발견하고 이를 충족시킬 수 있어야 한다. 무엇이든지 이해하고 싶고 이해할 수 없는 것을 참기 어려운 것이 인간 이성의 또 다른 모습이라고 했다면 살아가는 이유 그리고 무엇을 위해 살 것인지를 발견할 수 없으면 시들어가는 꽃처럼 풀이 죽어버리는 것이 인간의 마음과 정신의 원래 모습일 것이다.

실존적 공허로 인해 삶의 방향성을 잃고 돈의 힘에 의지하고 욕망을 따라 무분별하게 살아가는 현대인들에게 예수께서 당시 민중들을 향해 그러하셨듯이 삶의 의미의 중요성을 일깨운 사람이 있다면 프랭클(V. Frankl) 이다. 그는 실제 나치 수용소에 수감되었고 수용소 생활을 경험하는 가운데 의미의 중요성을 몸소 체험하면서 의미치료를 창시한 정신의학자이다. 그의 이론에서는 "인간이 자신의 삶에서 어떤 의미를 찾고자 하는 노력을 인간의 원초적 동력"으로 설정하면서 인간 본연의 욕구는 바로 "의미를 찾고자 하는 마음"이고 이는 해당 당사자 개인만이 "실현시킬 수" 있는 것으로 제시된다.[193] 우리에게 닥쳐오는 갈등으로 인한 실존적 좌절은 나쁜 것도 아니고 병적인 그 어떤 것도 아닌데 여기서 의미를 발견하지 못하는 것이 문제가 된다.[194] 우리가 느끼는 공허함은 의미를 찾지 못하는 상황에서 야기되는 것이다.

실존의 공허함은 인격의 성숙과 긍정적 삶을 살아내는 데 있어서 적지 않은 손상을 가져다 줄 것이다. 의미발견은 추구하는 그 어떤 현실적 바람보다도 가장 중요하고 근원적인 욕구일 것이다. 프랭클(V. Frankl) 은 의미를 찾을 수 있는 세 영역을 제시하는데 그것은 다음과 같다.[195] "1) 무엇인가를 창조하거나 어떤 일을 함으로써 2) 어떤 일을 경험하거나 어떤 사람을 만남으로써 그리고 3) 피할 수 없는 시련에 대해 어떤 태도를 취하기로 결정함으로써"이며, 여기서 두 번째와 관련된 것은 곧 사랑의 경험을 말한다. 첫 번째부터 창조적 가치, 경험적 가치, 태도적 가치로 명명된다.[196]

---

193 Viktor E. Frankl, **죽음의 수용소에서**, 이시형 역 (파주: 청아출판사, 2005), 168.

194 **같은 글**, 173-174.

195 **같은 글**, 184.

196 김정현은 본 글에서 사용된 번역서에 대한 프랭클의 원서를 인용하면서 여기에서 각 각을 세 가치로 제시하고 있다. 김정현, "프랑클의 실존분석과 로고테라피, 그 이론적 기초," **철학연구** 87 (2009): 70.

세 번째와 연관된 태도적 가치는 삶에 다가온 고통과 고난에 대해 "어떤 의미를 갖는 상황"이 될 때 그 어려움을 견딜 수 있다는 것과 관련되며 나아가 "시련의 도전을 용감하게 받아들이면 삶은 마지막 순간까지 의미를" 지니게 된다는 것이다.[197]

이러한 세 가지 가치의 적용에 대해 점검할 수 있는 일일 점검서를 제시하면 다음과 같다.

197 Viktor E. Frankl, 186-189.

■ 활동 자료 - 삶의 의미 찾기

삶의 의미 찾기
1. 오늘의 일기를 적고 천천히 느낌으로 읽어보라
2. 창조적 · 경험적 · 태도적 가치가 있는지 살펴보고 희망과 도전 찾기
* 일기 내용에서 발견한 창조적 · 경험적 · 태도적 가치가 있다면?
* 발견한 가치에 대한 느낌을 적어보라

* 그와 유사한 가치 경험을 한 적이 있는지 회상해보고, 그때의 느낌을 적어보라

* 발견한 삶의 의미에 연결시킬 수 있는 예수 이야기가 있다면 무엇인지 적어보라

* 지금까지의 과정이 나에게 어떠한 희망을 주고 도전을 하게 하는지 적어보라

5. 나가는 말

요즈음 사람과 관련된 소식을 접할 때 국내 어디를 가도, 어느 소식통을 열어 보아도 인성이라는 단어와 관련된 기사들이 점점 증가하고 있다고 해도 과언이 아닐 것이다. 인성교육진흥법의 제정 및 시행과 함께 각 교육관련 분야에서 기획 및 실시되고 있는 인성관련 교육 프로그램들은 단순히 시대적 유행으로 그칠 만한 것은 아닐 것이다. 왜냐하면 인성에 대한 화두는 인간 본연의 모습과 사람다움에 대한 가치를 담고 있기 때문에 특정 사회적 이슈나 유행거리로 잠시 각광을 받다가 어느 순간 기억에서 사라질 만한 요소가 아니기 때문이다.

인류의 발자취를 압축해서 간략하게 훑어본다면 인간 사회가 수직적이고 억압적인 구도에서 인권의 중요성을 발견하고 민주주의가 태동 및 발전, 자리를 잡으며 다시 인권에 대한 첨예하고 진지한 내용들을 다루게 되고 이제는 사회전반에서 인간다움에 대한 주제로 진입하고 있는 흐름을 발견할 수 있을 것이라고 본다. 이는 인류 역사의 흐름에 담겨진 정신사의 발전이라고 해도 과언이 아닐 것이다. 인간 정신의 발달 그 어느 지점에서 우리는 비로소 인성이라는 주제를 다루어낼 수 있게 된 것이라고 본다. 따라서 이러한 발달의 긴 역사를 통해 그 결정체로 등장한 주제가 소리 소문 없이 가라앉을 리는 만무할 것이다.

인성에 대한 중요성과 관심의 증가만큼 교육에 거는 기대 또한 크다고 본다. 다양한 교육적 접근과 노력 모두 이와 연관된 것이며 그에 따른 크고 작은 결실은 더 성숙된 사회 및 인간 삶을 향한 희망이 될 것이다. 그러한 희망을 품고서 그 노력의 대열에 진지하고 의미 있는 흔적을 남기고자 하는 다양한 움직임 가운데 기독교 인성교육 역시 동참을 위해 힘찬 걸음을 옮기고 있다고 생각된다. 기독교 상담을 통한 인성교육 프로그램 모델에 대한 연구는 그에 대한 미비한 준비이며 또 다른 성숙을 바라는 작은 몸짓에 불과할 것이다. 그럼에도 불구하고 대학생 한 사람 한 사람의 인성 함양에 어떤 형태로든 긍정적 도움이 될 수 있기를 바라는 마음은 그 어느 작업보다 결코 뒤지지 않는 더 큰 절실함을 담고 있음을 부인할 수 없다. 그 애절함의 토대를 이루며 작은 노력의 마음가짐을 가득 채우고 있는 열정은 당시 민중들에게 구도의 길, 새로운 삶을 향한 희망의 길, 새로운 인격으로의 전환을 꿈꾸면서 헌신을 아끼지 않은 예수를 통해 채워진 것일 것이다.

하루가 멀다 하고 급변하는 사회의 흐름 속에서 준비하고 익히고 배우고 다루어야 할 것들이 너무 많은 젊은이들. 그들에게 사람다움이라는 것이 어떤 것이고 좋은 인성 그리고 가장 사람답고 의미 있는 삶이 무엇인지 알려 주려는 사람들이 너무 많다. 너무 많아서 힘들고 해야 할 것이 산재해 있어서 삶이 팍팍한 젊은이들에게 과연 근본적으로 필요한 인성교육은 무엇일까? 이에 대한 깊은 고민은 기독교적 가치에서 그 해답을 찾도록 인도해 주었다. 그래서 그들에게 사람 본래의 정체성을 알려 주고 그것이 지닌 결코 간과할 수 없는 힘들을 파악하고 누려 볼 수 있도록 도움을 주고자 하는 마음에서 기독교 상담을 통한 인성교육 프로그램의 기초적 제안을 준비할 수 있었다. 모쪼록 이 작은 노력이 학생들에게 또 하나의 작은 변화를 가져올 수 있다면 더할 나위 없는 보람으로 다가올 것이라는 기대를 가져 본다.

6. 결론

본 도서는 계명대학교 '계명인성교육원' 정책연구 결과물로서 1차적인 목표는 계명대학교 재학생을 위한 기독교 인성교육 모델을 개발하는 것이다. 구체적으로 기독교 영성을 통한 인성교육 모델, 기독교 윤리를 통한 인성교육 모델, 기독교 상담을 통한 인성교육 모델, 성경을 통한 인성교육 모델을 수립하는 것이다.

기독교 인성교육이라는 분야가 이렇다 할 모습으로 그 형태를 명료하게 갖추지 못하고 있는 것이 국내 실정이기 때문에 본서에서는 기독교 인성교육 모델 수립을 위한 이론적 토대를 탐구하고 서술하는 것을 그 일차적 과제로 설정하였다. 나아가 이를 바탕으로 기독교 인성교육 프로그램의 모형을 함께 제시하여 다음과 같은 기대효과를 갖고 있다.

첫째, 기독교 정신은 계명대학교의 100년을 이어 온 설립이념이다. 기독교 정신을 바탕으로 하여 특성화된 인성교육을 창출하는 것은 설립이념을 한층 더 빛낼 수 있는 기회이며 계명대학교만의 브랜드화된 기독교 인성교육 프로그램을 통해 다른 타 대학과는 차별화된 기독교 인성교육을 마련하는 계기가 될 것이다. 성균관대학교가 유교에 기반을 둔 인성교육을 실시하고 있고 원광대학교가 원불교에 토대를 둔 인성교육을 시행하는 것과 마찬가지로 기독교 인성교육은 타 대학과 구별되는 계명대학교의 브랜드로 자리매김할 수 있다. 나아가 타 대학에 기독교 인성교육 프로그램을 보급하고 확산하는 데 계명대학교가 중심 대학으로서의 위치를 확보할 수 있을 것이며 타 대학과의 기독교 인성교육 프로그램을 교류하는 부분에서도 핵심적인 위치를 차지할 수 있을 것이다.

둘째, 계명대학교는 인성교육의 선두주자로서의 위치를 확보하고 있다. 따라서 인성교육을 위한 기존 인성교과와 비교과 프로그램이 적절히 마련되어 있고 잘 진행되면서 긍정적 효과를 거두고 있다. 그럼에도 불구하고 기독교 인성교육 프로그램 모델이 필요한 것은 그 세부영역인 성경, 영성, 윤리, 상담적 측면은 계명대학교 재학생들의 영성이나 심리 그리고 윤리의 측면에서 나타나는 손상과 결핍된 부분을 회복시키고 채우는 것에 대해 특정 역할과 기능을 수행할 수 있기 때문이다. 그만큼 2000년에 걸친 역사에 포함된 기독교의 다양한 전통은 학생들의 결핍과 필요를 채울 수 있는 풍부한 자원을 지니고 있다. 동시에 기존 인성교육에 내포된 덕목의 근간을 이루는 정신과 가치가 내포되어 있다. 이는 기존 인성교육의 덕목과 균형감을 이루며 상호보완 및 교류를 통해 인성교육 전반의 질적 효과를 증진할 수 있을 것이다.

셋째, 기독교 정신에는 사람이란 무엇이며 사람이 어떻게 살아야 하는지에 대한 근원적인 해답을 제공하고 있다. 따라서 기독교 인성교육을 통해 사람됨과 사람다운 삶의 본질을 파악할 수 있으며 이를 현실에 적용하고 더 나은 삶을 살아가고 살아내는 데 필요한 근거를 마련하고 제공받을 수 있다. 이와 더불어 기독교 성경의 내용, 기독교 영성 수련, 기독교 상담, 기독교 윤리라는 세분화된 영역을 통해 보다 다양한 인성교육에 참여할 수 있는 기회가 주어진다. 이를 통해 재학생들의 심리와 정신의 내면세계를 새롭게 조명하고 이를 통해 현실을 긍정적 각도에서 바라보고 재해석할 수 있는 힘과 능력을 공급받을 수 있게 된다. 또한 영성적인 결핍 부분을 보충하고 보다 수준 높은 삶에 대한 시야를 확보하면서 성숙된 삶을 위한 확고한 밑바탕을 형성할 수 있다. 이러한 측면들은 학생들 삶의 질을 향상시킬 수 있는 직접적 계기와 근거를 마련해 줄 수 있고 이를 통해 대학생활에 대한 적응능력의 향상 그리고 계명대학교 학생으로서 자부심을 고취하도록 할 것이다.

넷째, 계명대학교에는 계명대학교 재학생 인성 교육을 전담하고 있는 계명인성교육원이 있다. 인성 관련 다양한 교육을 마련하고 실시하는 역할 및 인성교육 관련 프로그램 개발 및 교육 등과 더불어 인성교육 관련 출판사업의 일환으로 계명인성교육총서를 발간하고 있다. 총서1 '대학생을 위한 글로벌 시티즌십', 총서2 '중등학생 인성함양을 위한 글로벌 시티즌 CCP-M', 총서3 '초등학생 인성함양을 위한 글로벌 시티즌 CCP-E', 총서4 '인성교육과 사회적 기업', 총서5 '계명 글로벌 시티즌의 조금 특별한 이야기,' 총서6 '변화하는 시대와 함께 하는 인성교육 길라잡이'가 있다. 그리고 계명인성교육원의 일곱 번째 계명인성교육총서인 본서를 출판함으로써 인성교육의 전문 서적을 추가적으로 확보할 수 있다.

다섯째, 계명대학교에서는 계명인성교육원을 비롯하여 교내에 다양한 인성교육과 관련된 수업과 비교과 프로그램이 개발되고 실시되고 있으며 계속해서 프로그램 개발에 박차를 가하고 있다. 인성교육의 궁극적 목표는 사람됨과 사람다운 삶을 지향하는 것이다. 목표 달성을 위한 다양한 견해와 방법론에도 불구하고 인간의 본질적 특성과 밀접한 관련을 이루고 있음은 부인할 수 없는 사실이다. 기독교의 성서적 배경, 기독교 영성수련, 기독교 윤리, 기독교 상담의 근간 및 세부적 내용을 이루는 기독교 정신과 가치는 인간 본질을 다루고 그 변화를 논할 때 결코 간과할 수 없는 자원들이 될 것이다.

여섯째, 계명대학교는 졸업 이수를 위한 필수과목에 채플 수업이 있다. 채플 수업은 '계명의 역사를 통한 기독교 정신 함양', '계명 공동체의식 강화,' '기독교 영성에 바탕을 둔 자아성찰,' '다양한 장르의 공연을 통한 기독교 문화 이해' 라는 주제를 바탕으로 이루어지고 있다. 따라서 기독교적 정신과 가치를 토대로 진행되는 수업인 것이다. 그러므로 기독교 성경, 영성, 윤리, 상담을 통한 인성교육 프로그램 모델은 채플에서 활용할 수 있는 다양한 자원을 지니고 있다. 따라서 채플 수업을 더욱 활성화하고 그 질적 향상을 위해 유용한 자료를 제공할 수 있는 통로를 마련할 수 있을 것이다.

마지막으로, 기독교 인성교육 프로그램은 지역 교회와의 연계에 필요한 자료를 확보하고 있다. 인성의 필요성은 교회 교육에서도 그 입지가 강화되고 있다고 볼 수 있다. 그럼에도 불구하고 기독교의 주요기관인 교회에서 기독교 정신과 가치를 바탕으로 적절한 인성교육 프로그램을 개발하는 것에는 다양한 한계가 있을 것이며 그 수요적 요구에 대한 원활한 공급과 충족 역시 부족분이 발생할 수 있다. 이에 기독교 인성교육 프로그램은 지역교회를 비롯한 기독교 관련 분야에서 요청되는 인성교육 및 관련 자료에 유용하게 활용이 가능한 실질적이고 실효성 높은 자료를 제공하면서 지역 교회 등과 더욱 긍정적인 관계를 형성하는 데 도움을 제공할 수 있을 것이다. 나아가 기독교 인성교육 프로그램은 교내 봉사 및 지역 사회 봉사 활동과 연관해서 그 활용도가 높을 것이다. 이는 기독교적 정신과 가치에 사랑과 섬김의 주제들이 지닌 중요성이 강조되고 있기 때문이며 나아가 이를 통해 인성함양을 도모할 수 있기 때문이다. 결과적으로 지역 사회의 교회 및 다양한 기독교 관련 기관 및 분야와 관련된 활동의 활성화와 그에 따른 영향력 증진에 긍정적 효과를 창출할 수 있을 것이다.

참고문헌

강경미. 아동행동수정. 서울: 학지사, 2006.

강경미. "기독교상담에서 성격의 변화와 성령의 역사." 복음과 상담 11 (2008): 117-137.

강영선. "기독교 교양과목을 통한 선교." 대학과 선교 창간호 (2000): 33-34.

강용원. "기독교 인성교육의 성경적 기초." 기독교교육정보 47 (2015): 361-398.

강희천. 기독교교육의 비판적 성찰. 서울: 대한기독교서회, 1999.

고미영. 이야기 치료와 이야기의 세계. 서울: 청목출판사, 2004.

곽호철 외. 기독교와 대화하기. 대구: 계명대학교 출판부, 2018.

구제홍. "정보사회의 기독교대학의 인성교육: 명지대학교 인성교육의 사례를 중심으로." 기독교교육정보 18 (2007): 35-68.

글로벌시티즌십 교재편찬위원회. 대학생을 위한 글로벌 시티즌십. 대구: 계명대학교출판부, 2016.

기독교의 이해 편찬위원회. 기독교의 이해. 대구: 계명대학교 출판부, 2009.

길귀숙. "성경에 나타난 예수 그리스도의 상담자의 모본 및 교회사회복지적 적용." 한국인간복지실천연구 5 (2010): 320-341.

김경은. "개신교 영성훈련의 현재와 전망- 관계적 통전적 경험의 내면화를 지향하며." 한국기독교신학논총 102 (2016): 193-219.

김기숙. "공동체와 인성교육." 기독교교육정보 14 (2006): 43-66.

김도일. "인간성 회복을 추구하는 기독교 영성교육." 종교교육학연구 32 (2010): 1-21.

김도일. 미래 시대 · 미래세대 · 미래교육. 서울: 한국기독교교육학회, 2016.

김범석. "기독청소년의 인성회복을 위한 영성교육 방안에 관한 연구: 한국감리교회를 중심으로." 박사학위논문, 호서대학교대학원, 2017.

김선주. "인성교육 진흥법 핵심가치덕목에 근거한 대학생용 인성 척도 개발." 교양교육연구 11, no. 3 (2017): 217-258.

김성희. "예수의 공감 사역-마가복음의 σπλαγχνίζομαι를 중심으로." 신약논단 20, no. 3 (2013): 685-720.

김소연. "한국 대학생들의 인성교육을 위한 채플 활성화 방안." 기독교교육정보 34 (2012): 181-209.

김은주, 성명희. "대학생의 대인관계 역량과 글로벌 역량 함양을 위한 핵심역량 기반 인성교육 프로그램 개발 및 효과검증." 한국핵심역량교육학회 학술대회지 3 (2016): 213-237.

김인태. "청년들을 위한 그룹 영성지도 방향성 제안: 안동교회 청년부를 중심으로." 석사학위논문, 장로회신학대학교 목회전문대학원, 2012.

김정훈. "포스트모던 시대의 기독교교육을 위한 통전적 가르침에 관한 연구." 박사학위논문, 호남신학대학교 대학원, 2005.

김정희. "기독교학교에서의 기독교 인성 및 기독교 인성교육에 대한 이해." 한국기독교신학논총 46 (2016): 265-286.

김정희. "에니어그램 성격유형을 활용한 기독교상담에 관한 연구." 석사학위논문, 아세아연합신학대학교 교육대학원, 2009.

김정현. "프랑클의 실존분석과 로고테라피, 그 이론적 기초." 철학연구 87 (2009): 57-83.

김춘이 외. 성경 서사 읽기의 이론과 실제. 대구: 계명대학교출판부, 2013.

김춘이, 김재현. 놀라운 예수: 마가복음 서사읽기. 부산: JUSTJOY, 2020.

김충만. "기독교와 인성: 경성대학교 건학이념('기독교 정신')의 구현으로서의 인성을 중심으로." 인문학논총 40 (2016): 83-104.

김태현, 노명래. "순천향대학교의 인성교육 방안 연구." 인문과학논총 6 (1998): 5-49.

김현진. "부모의 양육태도와 자녀의 성격형성에 관한 연구." 光神論壇 20 (2011): 253-277.

김희영. "기독교인의 정체성 형성에 관한 연구." 선교와 신학 44 (2018): 225-257.

리처드 코트니. 교육연극 입문. 서울: 연극과 인간, 2014.

박노권. 렉시오 디비나를 통한 영성훈련. 서울: 한들출판사, 2008.

박민수. 리더와 카운슬러를 위한 8가지 커뮤니케이션 기법. 서울: 시그마프레스, 2008.

박상진. “인구 전망에 따른 기독교학교의 미래 분석.” 장신논단 47 (2015): 317-350.

박상진. “기독교학교에서의 가치관 형성 및 인성교육.” 2015년 한국기독교교육학회 하계학술대회자료집, 23-45.

박성희. 상담의 새로운 패러다임. 서울: 학지사, 2003.

박아청. 에릭슨의 인간이해. 서울: 교육과학사, 2017.

박용우. “기독교 채플을 통한 선교.” 대학과 선교 창간호 (2000): 49-73.

박준하. “청소년 기독교 영성증진 프로그램의 개발과 효과검증.” 박사학위논문, 영남대학교 대학원, 2011.

박 진. “토도로프의 서사이론: 서사시학의 성과와 한계.” 한국문학이론과 비평 19 (2003): 130-156.

비욘 크론도퍼. 비블리오 드라마. 서울: 창지사, 2008.

서문진희, 정현주, 김계명. “하나님의 형상회복 운동「이웃섬김실천학교」에 관한탐색적 연구.” 복음과 실천신학 38 (2016): 110-145.

서민철. “인성교육의 윤리학적 기초로서의 덕윤리.” 학습자중심교과교육연구 12/3 (2012): 217-241.

서영준. “성경적 인간이해에 기초한 기독교교육-인간: ‘하나님의 형상’ 개념을 중심으로-.” 인간연구 23 (2012): 147-176.

성해영, 박범석. "인성교육진흥법 제정의 종교교육적 의미." 종교교육학연구 49 (2015): 1-22.

신승범. “기독교 인성교육에서 인성개념 도출과 인성교육 방향을 위한 제언.” 한국실천신학회 56 (2017): 521-543.

심수명. “기독교 상담적 관점에서 성숙한 인격에 대한 고찰.” 성경과 신학 68 (2013): 83-113.

안경승. “기독교 상담과정의 독특성.” 복음과 상담 24, no. 2 (2016): 221-253.

여삼열. 화평하게 하는 자 훈련교재, 화평으로 심는 자 인도자 지침서. 서울: 한국피스메이커, 2012.

영성 연구회 평상. 오늘부터 시작하는 영성훈련. 서울: 두란노, 2019.

오우성, 박민수. 상담으로 풀어본 신학. 대구: 계명대학교 출판부, 2005.

오우성, 박민수. 성경 이야기 상담. 서울: 시그마프레스, 2014.

오우성, 박민수. 성경 이야기 상담 실습가이드. 서울: 시그마프레스, 2015.

유기성. 영성일기 인도자용. 서울: 규장, 2012.

유선희. "어린이 영성교육을 위한 연구: 한국교회 어린이 교육의 문제 진단과 새로운 방향 모색을 위한 연구." 박사학위논문, 장로회신학대학교대학원 2009.

윤일수. 가족 사이코 드라마. 대구: 중문출판사, 2014.

이성희. "MMPI를 활용한 청소년 미혼모들의 성격 특성에 관한 기독교 상담적 연구: 미혼모 쉼터 이용자들을 중심으로." 석사학위논문, 호남신학대학교 기독교상담대학원, 2002.

이영희. "기독교 유아 영성교육 프로그램 모형 개발을 위한 기초 연구." 박사학위논문, 중부대학교 대학원, 2016.

이원일. "칼뱅주의에서 기독교 인성교육: 호레스 부쉬넬을 중심으로." 장신논단 49, no. 2 (2017): 349-374.

이은성. "교양과목을 통한 기독교대학 인성교육의 전략적 운영 방안 탐색." 기독교교육논총 51 (2017): 101-124.

이정관. "Juvenile Education in the Family and Church Contexts: 가정과 교회의 맥락에서 본 청소년교육." 박사학위논문, Fuller Theological Seminary, 2000.

이종식. "현대 청소년을 위한 기독교 가치관 교육의 재개념화에 관한 연구." 박사학위논문, 호서대학교 대학원, 2012.

이주아. "한국 청소년의 위기에 대한 기독교교육적 대안 모색." 한국기독교신학논총 83 (2012): 351-375.

임경수. 인간발달이해와 기독교상담. 서울: 학지사, 2013.

장화선. "개혁주의 기독교교육 관점에서의 인성교육." 한국기독교신학논총 40, no. 4(2014) : 47-76.

정희숙. "St. Augustinus의 영성교육론." 종교교육학연구 13 (2001): 285-304.

정희영, 이정규, 한민좌. "기독교 유아 인성교육을 위한 덕목 추출." 한국기독교논총 36 (2013): 195-217.

조용훈. "기독교대학의 인성교육에 대한 한 연구." 대학과 선교 31 (2016): 227-258.

조용훈, 최영근. "기독교대학 학원복음화 전략을 위한 한 연구." 대학과 선교 28 (2015): 9-14.

조은하. 통전적 영성과 기독교교육. 서울: 한들, 2004.

조은하. "기독교 청소년 교육에 대한 창조적 성찰." 기독교교육논총 34 (2013): 147-168.

주연수. "기독교적 가치관에 기초한 정서조절과 기독교인성교육." 한국기독교신학논총 44 (2015): 77-115.

지경주. 연극치료 워크북. 서울: 양서원, 2006.

최영근. "기독교대학의 복음적 인성교육에 관한 연구 - 하나님 나라의 성육신적 영성교육의 신학과 실행방안." 대학과 선교 30 (2016): 223-261.

최영근. "학원복음화 위기 극복을 위한 기독교대학 선교의 신학과 효율적 방안." 대학과 선교 26 (2014): 37-71.

한미라. "성서의 관점에서 본 기독교 교육."기독교언어문화논집 10 (2006): 74-107.

한미라. "포스트모던 시대의 핵심 인재개발을 위한 기독교 영성교육모델: 기독교대학의 위기극복을 위한 대안." 기독교교육정보 35 (2012): 69-113.

한재희. "인성에 대한 전인적 이해와 기독교상담." 대학과 복음 7 (2003): 239-267.

함영옥. "영성교육 프로그램 개발에 관한 연구." 박사학위논문, 아세아연합신학대학교 대학원, 2007.

허도화. "신앙과 학문의 통합을 위한 복음적 인성교육: 기독교대학의 인성교육을 위한 새로운 패러다임." 신학사상 173 (2016): 235-266.

허선호. "삭개오 이야기에 내포된 과대 자기에 대한 고찰." 상담과 신학 3 (2017): 76-96.

허성준. 렉시오 디비나. 왜관: 분도출판사, 2005.

홍원표. "포스트모던시대의 청소년 영성교육에 관한 연구." 박사학위논문, 서울기독대학교 대학원, 2015.

Andrews, Cecile. 유쾌한 혁명을 작당하는 공동체 가이드북: 행복은 타인으로부터 온다, 강정임 옮김. 서울: 한빛비즈, 2013.

Aumann, Jordan. 영성신학, 이홍근 역. 왜관: 분도출판사, 1987.

Bal, M. 소설이란 무엇인가, 성충훈, 송병선 역. 울산: 울산대학교출판부, 1997.

Bremond, A. "서사 가능성의 논리." 현대 소설의 이론, 최상규 역. 서울: 예림기획, 1997.

Brubacher, John S. A History of Problems of Christian Education. New York: McGraw Hill Company, 1966.

Chatman, S. 원화와 작화, 최상규 역. 서울: 예림기획, 1998.

Courtney, R. 교육연극 입문: 교육연극의 인지적 배경, 김주연, 오판진 공역. 서울: 연극과인간, 2014.

Dayton, Tian. 사이코드라마 매뉴얼, 김세준 역. 서울: 시그마프레스, 2012.

Fairbairn, W. R. D. 성격에 관한 정신분석학적 연구, 이재훈 역. 서울: 한국심리치료연구소, 2003.

Frankl, Viktor E. 죽음의 수용소에서, 이시형 역. 파주: 청아출판사, 2005.

Greenberg, Jay R., and Stephen R. Mitchell. 정신분석학적 대상관계이론, 이재훈 역. 서울: 한국심리치료연구소, 1999.

Groome, Thomas H. Sharing Faith: A Comprehensive Approach to Religious Education and Pastoral **Ministry**: The Way of Shared Praxis. San Francisco: Harper San Francisco, 1991.

Holmes, Arthur F. The Idea of a Christian College, rev. ed. Grand Rapids, Michigan: Wm. B. Eerdmans Publishing Co., 1987.

Jennings, Sue. 수 제닝스의 연극치료 이야기, 이효원 역. 서울: 울력, 2003.

Jennings, Sue. 수 제닝스 연극치료 핸드북, 이효원 역. 서울: 울력, 2010.

Krondorfer, B. 비블리오 드라마, 황헌영, 김세준 공역. 서울: 창지사, 2008.

Landy, Robert. 연극치료, 이효원 역. 서울: 울력, 2002.

Laubach, Frank. 프랭크 루박의 기도일기, 배응준 역. 서울: 규장, 2012.

Leonard, Bill J(ed.). Becoming Christian. Westerminster: John Knox, 1990.

McFarlane, Penny. 학교에서의 연극치료와 가족치료, 최윤미, 지승희 공역.

서울: 시그마프레스, 2013.

Marshall B, Rosenberg. 비폭력대화: 일상에서 쓰는 평화의 언어, 삶의 언어, 개정판, 캐서린 한 옮김. 서울: 한국NVC센터, 2017.

Maccauley, R. and G. Lanning. "인물구성(characterization)." 김병욱 편. 현대 소설의 이론, 최상규 역. 서울: 예림기획, 1997.

Malbon, E. S. Narrative Space and Mythic Meaning in Mark. San Francisco: Harper & Row, 1986.

Palmer, Parker J. To Know As We Are Known: Education as Spiritual Journey. San Francisco: Harper and Row, 1983.

Palmer, Parker J. 가르침과 배움의 영성, 이종태 역. 서울: IVP, 2000.

Propp, V. 민담형태론, 이종태 역. 서울: IVP, 2000.

Rimmon-Kenan, S. 소설의 현대 시학, 최상규 역. 서울: 예림기획, 1999.

Rowe, N. 당신의 이야기로 놀아드립니다: 플레이백 시어터의 세계, 김세준 역. 서울: 비블리오드라마, 2009.

Stoop David & James Masteller. 부모를 용서하기 나를 용서하기, 정성준 역. 서울: 예수전도단, 2017.

Thompson, M. J. 영성훈련의 이론과 실천, 고진옥 역. 서울: 은성, 1996.

Tolmie, D. F. 서사학과 성경 내러티브: 실재 지침서, 이상규 역. 서울: CLC, 2008.

Uspensky, B. 소설구성의 시학, 이상규 역. 서울: CLC, 2008.

Wakefield, Gordon S. "Spirituality" in The Westminster Dictionary of Christian Spirituality, (ed) by Gordon S. Wakefield. Philadelphia: Westminster, 1983.

Winnicott, Donald W. 성숙과정과 촉진적 환경, 이재훈 역. 서울: 한국심리치료연구소, 2000.

집필자 소개

곽호철

연세대학교 연합신학대학원 교수로 재직 중이다.

Claremont Graduate University에서 박사학위를 받았다.

인권, 타자, 기후위기 등의 주제에 관심을 가지고 연구를 하고 있다.

김재현

계명대학교 Tabula Rasa College 교수로 재직 중이다.

계명대학교에서 박사학위를 받았다.

신약성서학, 철학, 고전독서 등의 주제에 관심을 가지고 연구하고 있다.

김춘이

계명대학교 Tabula Rasa College 교수로 재직 중이다.

계명대학교에서 박사학위를 받았다.

기독교 상담, 장애인, 인성 교육 등의 주제에 관심을 가지고 연구하고 있다.

허선호

계명대학교 Tabula Rasa College 교수로 재직 중이다.

계명대학교에서 박사학위를 받았다.

예수의 사랑, 인간의 정신세계, 심리치료, 문화, 사회복지 등의 주제에 관심을 가지고 연구하고 있다.